守护婚姻家庭
法律法规手册

含典型案例 双色版

中国法治出版社
CHINA LEGAL PUBLISHING HOUSE

编辑说明

近年来,随着我国经济社会发展,城乡家庭的结构和生活方式发生了新变化,婚姻家庭矛盾呈现出新特点,家事纠纷案件数量高位运行。民法典公布施行后,最高人民法院清理涉婚姻家庭司法解释,并公布《最高人民法院关于适用〈中华人民共和国民法典〉婚姻家庭编的解释(一)》和一系列与婚姻家庭相关的典型案例,用以指导婚姻家庭司法实践。2025年1月15日,为正确实施民法典,统一法律适用,引导树立优良家风、弘扬家庭美德,维护婚姻家庭和谐稳定,最高人民法院公布《关于适用〈中华人民共和国民法典〉婚姻家庭编的解释(二)》,并公布涉婚姻家庭纠纷典型案例,进一步明确婚姻家庭法律适用标准。

本书以《民法典》婚姻家庭编相关条文为主线,汇编与婚姻家庭最密切相关的法律法规、部门规章、司法解释等文件,并根据婚姻制度、结婚登记、家庭生活、离婚析产等婚姻生活中的各类场景,对法条进行分类加工,并附录精选自最高人民法院指导性案例、典型案例及人民法院案例库的典型案例,方便读者查找、学习和应用,从而全面了解我国婚姻家庭法律制度,维护自身合法权益,追求婚姻家庭幸福。

本书能够帮助读者迅速查找婚姻家庭法律法规和典型案例的对应内容,引导树立优良家风、弘扬家庭美德,维护婚姻家庭和谐稳定;并着重收录与女性权益保护相关的母婴保健、反家庭暴力等法律法规,重视人文关怀,呵护女性权益。对于本书的不足之处,还望读者不吝批评指正!

中华人民共和国宪法

第四十九条　婚姻、家庭、母亲和儿童受国家的保护。

夫妻双方有实行计划生育的义务。

父母有抚养教育未成年子女的义务，成年子女有赡养扶助父母的义务。

禁止破坏婚姻自由，禁止虐待老人、妇女和儿童。

缩略语表

序号	全称	简称
1	中华人民共和国民法典（2020年5月28日公布）	民法典
2	最高人民法院关于适用《中华人民共和国民法典》婚姻家庭编的解释（一）（2020年12月29日公布，法释〔2020〕22号）	民法典婚姻家庭编解释（一）
3	最高人民法院关于适用《中华人民共和国民法典》婚姻家庭编的解释（二）（2025年1月15日公布，法释〔2025〕1号）	民法典婚姻家庭编解释（二）
4	婚姻登记条例（2025年4月6日修订）	婚姻登记条例
5	婚姻登记工作规范（2025年4月29日修订，民发〔2025〕23号）	婚姻登记工作规范
6	最高人民法院、最高人民检察院、公安部、民政部关于妥善处理以冒名顶替或者弄虚作假的方式办理婚姻登记问题的指导意见（2021年11月18日公布，高检发办字〔2021〕109号）	最高人民法院、最高人民检察院、公安部、民政部关于妥善处理以冒名顶替或者弄虚作假的方式办理婚姻登记问题的指导意见
7	最高人民法院关于审理涉彩礼纠纷案件适用法律若干问题的规定（2024年1月17日公布，法释〔2024〕1号）	涉彩礼纠纷司法解释
8	中华人民共和国母婴保健法（2017年11月4日修正）	母婴保健法

续表

序号	全称	简称
9	中华人民共和国母婴保健法实施办法（2023年7月20日修订）	母婴保健法实施办法
10	中华人民共和国人口与计划生育法（2021年8月20日修正）	人口与计划生育法
11	中华人民共和国妇女权益保障法（2022年10月30日修订）	妇女权益保障法
12	中华人民共和国反家庭暴力法（2015年12月27日公布）	反家庭暴力法
13	民政部、全国妇联关于做好家庭暴力受害人庇护救助工作的指导意见（2015年9月24日公布，民发〔2015〕189号）	民政部、全国妇联关于做好家庭暴力受害人庇护救助工作的指导意见
14	最高人民法院关于办理人身安全保护令案件适用法律若干问题的规定（2022年7月14日公布，法释〔2022〕17号）	人身安全保护令规定
15	最高人民法院、最高人民检察院、公安部、司法部关于依法办理家庭暴力犯罪案件的意见（2015年3月2日公布，法发〔2015〕4号）	反家暴意见

目 录

一、婚姻制度篇

【婚姻家庭关系基本原则】 ················· 002
《民法典》第一千零四十一条

【禁止的婚姻家庭行为】 ··················· 006
《民法典》第一千零四十二条

典型案例
1. 指导性案例 226 号：陈某某、刘某某故意伤害、虐待案 ··· 027
2. 王某某与李某某离婚纠纷案 ················· 031
   ——已办理结婚登记但共同生活时间较短，离婚时应当根据共同生活时间、孕育子女等事实对数额过高的彩礼酌情返还
3. 赵某诉孙某离婚纠纷案 ··················· 033
   ——短期内多次"闪婚"并收取高额彩礼，可以认定以彩礼为名借婚姻索取财物
4. 王某诉李某婚约财产纠纷案 ················· 034
   ——一方基于索取财物目的与另一方建立恋爱关系、作出结婚承诺，可以认定为借婚姻索取财物

001

5. 林某诉某婚介公司服务合同纠纷案 ······ 036
　　——婚介机构以保证"闪婚"为名收取高额服务费,应结合合同履行情况返还部分费用

6. 吴某诉刘某婚约财产纠纷案 ······ 037
　　——因彩礼给付方隐瞒自身重大疾病导致未办理结婚登记的,应考虑其过错情况对彩礼返还数额予以酌减

7. 陈某某故意杀人案 ······ 038
　　——家庭暴力犯罪中,饮酒等自陷行为导致限制刑事责任能力的,应依法惩处

8. 姚某某故意杀人案 ······ 040
　　——受暴妇女因不堪忍受家庭暴力而杀死施暴人的,可认定为故意杀人"情节较轻"

9. 李某、杨某故意伤害案 ······ 043
　　——管教子女并非实施家暴行为的理由,对子女实施家庭暴力当场造成死亡的应认定为故意伤害罪

10. 邱某某故意伤害案 ······ 044
　　——制止正在进行的家庭暴力行为,符合刑法规定的认定为正当防卫,不负刑事责任

11. 谌某某违反人身安全保护令案 ······ 048
　　——人身安全保护令的回访与督促执行

12. 冯某某申请曹某某人身安全保护令案 ······ 050
　　——全流程在线审理人身安全保护令促进妇女权益保护

13. 叶某申请人身安全保护令案 ······ 052
　　——同居结束后受暴妇女仍可申请人身安全保护令

14. 蔡某某申请人身安全保护令案 ······ 055
　　——未成年子女被暴力抢夺、藏匿或者目睹父母一方对另一方实施家庭暴力的,可以申请人身安全保护令

目录

15. 唐某某申请人身安全保护令案 ·········· 057
    ——全社会应形成合力,共同救护被家暴的未成年人

16. 彭某某申请人身安全保护令案 ·········· 058
    ——学校发现未成年人遭受或疑似遭受家庭暴力的,
    应履行强制报告义务

17. 韩某某、张某申请人身安全保护令案 ·········· 060
    ——直接抚养人对未成年子女实施家庭暴力,人民法
    院可暂时变更直接抚养人

18. 吴某某申请人身安全保护令案 ·········· 062
    ——父母应当尊重未成年子女受教育的权利,父母行
    为侵害合法权益的,未成年子女可申请人身安全保护令

19. 被告人赵某梅故意杀人案 ·········· 063
    ——因不堪忍受长期严重家庭暴力而杀死施暴人,作
    案后自首、认罪认罚,依法从宽处罚

20. 被告人梁某伟故意伤害案 ·········· 065
    ——受害者勇于向家庭暴力说"不","法院+妇联"
    合力守护妇女权益

21. 被告人刘某坤虐待、重婚案 ·········· 067
    ——虐待共同生活的哺乳期妇女和未成年人,坚决依
    法惩处

22. 被告人王某辉拒不执行裁定案 ·········· 068
    ——拒不执行人身安全保护令,情节严重,依法追究
    刑事责任

23. 颜某某申请人格权侵害禁令案 ·········· 070
    ——父母一方或者其近亲属等抢夺、藏匿未成年子女,
    另一方向人民法院申请人格权侵害禁令的,人民
    法院应予支持

24. 被告人谢某宇故意杀人案 ·· 072
　　——施暴者因不满对方起诉离婚预谋杀人，依法判处
　　　并核准死刑
25. 涂某雄诉蒋某珍婚约财产纠纷案 ······························ 073
　　——一方借婚姻索取财物，另一方要求返还的，人民
　　　法院应予支持

【婚姻家庭道德规范】 ·· 077
《民法典》第一千零四十三条

典型案例
1. 指导性案例 229 号：沙某某诉袁某某探望权纠纷案 ········· 078
2. 崔某某与叶某某及高某某赠与合同纠纷案 ···················· 080
　　——夫妻一方在婚姻关系存续期间违反忠实义务将夫妻
　　　共同财产赠与第三人的行为无效，另一方请求第三人全部
　　　返还的，人民法院应予支持
3. 马某臣、段某娥诉于某艳探望权纠纷案 ······················· 081

【亲属、近亲属与家庭成员】 ······································· 082
《民法典》第一千零四十五条

| 二、结婚登记篇 |

【结婚自愿】 ·· 084
《民法典》第一千零四十六条

【法定婚龄】 ·· 084
《民法典》第一千零四十七条

【禁止结婚的情形】 ·· 084
《民法典》第一千零四十八条

目录

【结婚程序】 ·· 084
《民法典》第一千零四十九条

【男女双方互为家庭成员】 ···························· 100
《民法典》第一千零五十条

【婚姻无效的情形】 ······································ 100
《民法典》第一千零五十一条

【受胁迫婚姻的撤销】 ··································· 102
《民法典》第一千零五十二条

【隐瞒重大疾病的可撤销婚姻】 ······················ 103
《民法典》第一千零五十三条

典型案例

1. 林某诉张某撤销婚姻纠纷案 ······················ 105
2. 岳某某诉罗某撤销婚姻纠纷案 ··················· 107
   ——夫妻一方患有艾滋病但未在婚前如实告知另一方的，另一方可以请求法院撤销婚姻关系

【婚姻无效或被撤销的法律后果】 ··················· 109
《民法典》第一千零五十四条

| 三、家庭生活篇 |

（一）夫妻关系

【夫妻平等】 ·· 112
《民法典》第一千零五十五条

【夫妻姓名权】 ··· 112
《民法典》第一千零五十六条

【夫妻人身自由权】 ······································ 112
《民法典》第一千零五十七条

【夫妻抚养、教育和保护子女的权利义务平等】 112
《民法典》第一千零五十八条
典型案例
　　指导性案例 228 号：张某诉李某、刘某监护权纠纷案 117
【夫妻扶养义务】 120
《民法典》第一千零五十九条
【夫妻日常家事代理权】 120
《民法典》第一千零六十条
【夫妻遗产继承权】 120
《民法典》第一千零六十一条
【夫妻共同财产】 120
《民法典》第一千零六十二条
【夫妻个人财产】 123
《民法典》第一千零六十三条
【夫妻共同债务】 124
《民法典》第一千零六十四条
【夫妻约定财产制】 125
《民法典》第一千零六十五条
典型案例
　　崔某某与陈某某离婚纠纷案 126
　　——一方在结婚后将其婚前房产为另一方"加名"，离婚分割夫妻共同财产时，人民法院可以判决房屋归给予方所有，并综合考虑共同生活情况等因素合理补偿对方
【婚内分割夫妻共同财产】 127
《民法典》第一千零六十六条

目录

（二）亲子关系

【父母与子女间的抚养赡养义务】 ……………………… 129

《民法典》第一千零六十七条

典型案例

1. 王某静诉史某华抚养费纠纷案 …………………………… 130
   ——接受大学及以上学历教育的成年子女主张抚养费的，一般不予支持

2. 王小某诉王某抚养费纠纷案 ……………………………… 132
   ——离婚是否为子女主张抚养费的前置条件

3. 刘某甲诉张某否认亲子关系纠纷案 ……………………… 134
   ——父或母请求否认亲子关系但未提供必要证据的，不适用《最高人民法院关于适用婚姻家庭编的解释（一）》第三十九条第一款之规定

【父母教育、保护未成年子女的权利和义务】 …………… 136

《民法典》第一千零六十八条

典型案例

余某仪诉谭某威变更抚养关系纠纷案 ……………………… 136
   ——坚持最有利于未成年人原则调处变更抚养关系纠纷

【子女尊重父母的婚姻权利及赡养义务】 ………………… 138

《民法典》第一千零六十九条

【遗产继承权】 ……………………………………………… 138

《民法典》第一千零七十条

【非婚生子女权利】 ………………………………………… 139

《民法典》第一千零七十一条

【继父母子女之间权利义务】 ……………………………… 139

《民法典》第一千零七十二条

007

典型案例

柳某诉延甲、延乙等赡养纠纷案 ······ 140
——受继父母抚养教育的继子女对继父母应承担赡养义务

【亲子关系异议之诉】 ······ 142
《民法典》第一千零七十三条

【祖孙之间的抚养、赡养义务】 ······ 143
《民法典》第一千零七十四条

【兄弟姐妹间扶养义务】 ······ 143
《民法典》第一千零七十五条

四、离婚析产篇

【协议离婚】 ······ 146
《民法典》第一千零七十六条

典型案例

李某某诉李某抚养费纠纷案 ······ 152
——对已就读大学的成年子女支付抚养费的诉讼请求，一般不予支持

【离婚冷静期】 ······ 155
《民法典》第一千零七十七条

【婚姻登记机关对协议离婚的查明】 ······ 155
《民法典》第一千零七十八条

【诉讼离婚】 ······ 156
《民法典》第一千零七十九条

典型案例

1. 马某某诉丁某某离婚案 ······ 158
——对于家暴事实的认定应当适用特殊证据规则

    2. 张某与邹某离婚纠纷案 ························· 160
        ——受暴过错并非家暴理由，施暴方不宜直接抚养未
        成年子女
    3. 李某某与郑某某离婚纠纷案 ····················· 163
        ——涉家暴案件审理必须多措并举实现案结事了

【婚姻关系的解除时间】 ······························· 166
《民法典》第一千零八十条

【现役军人离婚】 ··································· 166
《民法典》第一千零八十一条

【男方提出离婚的限制情形】 ························· 167
《民法典》第一千零八十二条

【复婚】 ··· 167
《民法典》第一千零八十三条

【离婚后子女的抚养】 ······························· 168
《民法典》第一千零八十四条
典型案例
  刘某某与王某某离婚纠纷案 ························· 172
    ——离婚纠纷中，施暴方不宜直接抚养未成年子女

【离婚后子女抚养费的负担】 ························· 173
《民法典》第一千零八十五条
典型案例
  谢某梅诉贺某阳离婚纠纷案 ························· 175
    ——涉家庭暴力离婚纠纷案件的先行判决及抚养费支付方
    式的确定

【探望子女权利】 ··································· 180
《民法典》第一千零八十六条

典型案例

邱某诉陈某探望权纠纷案 ·················· 181
——当事人基于新的事实起诉请求变更探视权行使方式的，不属于重复起诉

【离婚时夫妻共同财产的处理】 ·················· 183

《民法典》第一千零八十七条

典型案例

1. 张某与赵某婚约财产纠纷案 ·················· 190
   ——男女双方举行结婚仪式后共同生活较长时间且已育有子女，一般不支持返还彩礼

2. 刘某与朱某婚约财产纠纷案 ·················· 191
   ——已办理结婚登记，仅有短暂同居经历尚未形成稳定共同生活的，应扣除共同消费等费用后返还部分彩礼

3. 张某某与赵某某、赵某、王某婚约财产纠纷案 ·················· 193
   ——婚约财产纠纷中，接受彩礼的婚约方父母可作为共同被告

4. 范某某与许某某离婚纠纷案 ·················· 194
   ——婚姻关系存续期间，一方父母将其房产转移登记至夫妻双方名下，离婚分割夫妻共同财产时，人民法院可以判决房屋归出资方子女所有，并综合考虑婚姻关系存续时间、共同生活情况等因素合理补偿对方

5. 郑某诉施某婚约财产纠纷案 ·················· 196
   ——关于彩礼与恋爱赠与的区分认定

6. 董某诉朱某等婚约财产纠纷案 ·················· 197
   ——已办理结婚登记，仅有短暂同居经历尚未形成稳定共同生活的，应扣除共同消费等费用后返还部分彩礼

7. 李某某诉华某某等婚约财产纠纷案 199
　　——男女双方举行结婚仪式后共同生活较长时间且已育有子女，一般不支持返还彩礼

【离婚经济补偿】............ 201
《民法典》第一千零八十八条

【离婚时夫妻共同债务的清偿】............ 202
《民法典》第一千零八十九条

【离婚经济帮助】............ 203
《民法典》第一千零九十条

【离婚损害赔偿】............ 203
《民法典》第一千零九十一条

典型案例

1. 徐某贵诉张某琴离婚纠纷案 205
　　——夫妻一方拒不履行扶养义务，造成事实上遗弃另一方的，应当认定其为过错方并承担相应损害赔偿责任

2. 刘某某诉王某某离婚后损害赔偿纠纷案 208
　　——离婚后发现子女非亲生的，可以请求返还抚养费、支付精神损害赔偿

3. 胡某诉刘某离婚后财产纠纷案 210
　　——离婚后发现一方存在重大过错，在法定诉讼时效期间内请求离婚损害赔偿的，人民法院应予支持

【一方侵害夫妻财产的处理规则】............ 216
《民法典》第一千零九十二条

011

一、婚姻制度篇

《民法典》 【婚姻家庭关系基本原则】①

第一千零四十一条 婚姻家庭受国家保护。

实行婚姻自由、一夫一妻、男女平等的婚姻制度。

保护妇女、未成年人、老年人、残疾人的合法权益。

关联规定

1. 《妇女权益保障法》

第六十条 国家保障妇女享有与男子平等的婚姻家庭权利。

第六十一条 国家保护妇女的婚姻自主权。禁止干涉妇女的结婚、离婚自由。

2. 《人口与计划生育法》

第十七条 公民有生育的权利,也有依法实行计划生育的义务,夫妻双方在实行计划生育中负有共同的责任。

第十八条 国家提倡适龄婚育、优生优育。一对夫妻可以生育三个子女。

符合法律、法规规定条件的,可以要求安排再生育子女。具体办法由省、自治区、直辖市人民代表大会或者其常务委员会规定。

少数民族也要实行计划生育,具体办法由省、自治区、直辖市人民代表大会或者其常务委员会规定。

夫妻双方户籍所在地的省、自治区、直辖市之间关于再生育子女的规定不一致的,按照有利于当事人的原则适用。

第十九条 国家创造条件,保障公民知情选择安全、有效、适

---

① 条文主旨为编者所加,方便读者检索,仅供参考。

宜的避孕节育措施。实施避孕节育手术，应当保证受术者的安全。

第二十条 育龄夫妻自主选择计划生育避孕节育措施，预防和减少非意愿妊娠。

第二十一条 实行计划生育的育龄夫妻免费享受国家规定的基本项目的计划生育技术服务。

前款规定所需经费，按照国家有关规定列入财政预算或者由社会保险予以保障。

第二十二条 禁止歧视、虐待生育女婴的妇女和不育的妇女。

禁止歧视、虐待、遗弃女婴。

第二十三条 国家对实行计划生育的夫妻，按照规定给予奖励。

第二十四条 国家建立、健全基本养老保险、基本医疗保险、生育保险和社会福利等社会保障制度，促进计划生育。

国家鼓励保险公司举办有利于计划生育的保险项目。

第二十五条 符合法律、法规规定生育子女的夫妻，可以获得延长生育假的奖励或者其他福利待遇。

国家支持有条件的地方设立父母育儿假。

第二十六条 妇女怀孕、生育和哺乳期间，按照国家有关规定享受特殊劳动保护并可以获得帮助和补偿。国家保障妇女就业合法权益，为因生育影响就业的妇女提供就业服务。

公民实行计划生育手术，享受国家规定的休假。

第二十七条 国家采取财政、税收、保险、教育、住房、就业等支持措施，减轻家庭生育、养育、教育负担。

第二十八条 县级以上各级人民政府综合采取规划、土地、住房、财政、金融、人才等措施，推动建立普惠托育服务体系，提高婴幼儿家庭获得服务的可及性和公平性。

国家鼓励和引导社会力量兴办托育机构，支持幼儿园和机关、

003

企业事业单位、社区提供托育服务。

托育机构的设置和服务应当符合托育服务相关标准和规范。托育机构应当向县级人民政府卫生健康主管部门备案。

第二十九条 县级以上地方各级人民政府应当在城乡社区建设改造中，建设与常住人口规模相适应的婴幼儿活动场所及配套服务设施。

公共场所和女职工比较多的用人单位应当配置母婴设施，为婴幼儿照护、哺乳提供便利条件。

第三十条 县级以上各级人民政府应当加强对家庭婴幼儿照护的支持和指导，增强家庭的科学育儿能力。

医疗卫生机构应当按照规定为婴幼儿家庭开展预防接种、疾病防控等服务，提供膳食营养、生长发育等健康指导。

第三十一条 在国家提倡一对夫妻生育一个子女期间，自愿终身只生育一个子女的夫妻，国家发给《独生子女父母光荣证》。

获得《独生子女父母光荣证》的夫妻，按照国家和省、自治区、直辖市有关规定享受独生子女父母奖励。

法律、法规或者规章规定给予获得《独生子女父母光荣证》的夫妻奖励的措施中由其所在单位落实的，有关单位应当执行。

在国家提倡一对夫妻生育一个子女期间，按照规定应当享受计划生育家庭老年人奖励扶助的，继续享受相关奖励扶助，并在老年人福利、养老服务等方面给予必要的优先和照顾。

第三十二条 获得《独生子女父母光荣证》的夫妻，独生子女发生意外伤残、死亡的，按照规定获得扶助。县级以上各级人民政府建立、健全对上述人群的生活、养老、医疗、精神慰藉等全方位帮扶保障制度。

第三十三条 地方各级人民政府对农村实行计划生育的家庭发展经济，给予资金、技术、培训等方面的支持、优惠；对实行计划生育的贫困家庭,在扶贫贷款、以工代赈、扶贫项目和社会救济等方面给予优先照顾。

第三十四条 本章规定的奖励和社会保障措施,省、自治区、直辖市和设区的市、自治州的人民代表大会及其常务委员会或者人民政府可以依据本法和有关法律、行政法规的规定,结合当地实际情况,制定具体实施办法。

第三十五条 国家建立婚前保健、孕产期保健制度,防止或者减少出生缺陷,提高出生婴儿健康水平。

第三十六条 各级人民政府应当采取措施,保障公民享有计划生育服务,提高公民的生殖健康水平。

第三十七条 医疗卫生机构应当针对育龄人群开展优生优育知识宣传教育,对育龄妇女开展围孕期、孕产期保健服务,承担计划生育、优生优育、生殖保健的咨询、指导和技术服务,规范开展不孕不育症诊疗。

第三十八条 计划生育技术服务人员应当指导实行计划生育的公民选择安全、有效、适宜的避孕措施。

国家鼓励计划生育新技术、新药具的研究、应用和推广。

第三十九条 严禁利用超声技术和其他技术手段进行非医学需要的胎儿性别鉴定;严禁非医学需要的选择性别的人工终止妊娠。

《民法典》 【禁止的婚姻家庭行为】

> **第一千零四十二条** 禁止包办、买卖婚姻和其他干涉婚姻自由的行为。禁止借婚姻索取财物。
>
> 禁止重婚。禁止有配偶者与他人同居。
>
> 禁止家庭暴力。禁止家庭成员间的虐待和遗弃。

关联规定

1.《民法典婚姻家庭编解释（一）》

第一条 持续性、经常性的家庭暴力，可以认定为民法典第一千零四十二条、第一千零七十九条、第一千零九十一条所称的"虐待"。

第二条 民法典第一千零四十二条、第一千零七十九条、第一千零九十一条规定的"与他人同居"的情形，是指有配偶者与婚外异性，不以夫妻名义，持续、稳定地共同居住。

2.《涉彩礼纠纷司法解释》

第二条 禁止借婚姻索取财物。一方以彩礼为名借婚姻索取财物，另一方要求返还的，人民法院应予支持。

第三条 人民法院在审理涉彩礼纠纷案件中，可以根据一方给付财物的目的，综合考虑双方当地习俗、给付的时间和方式、财物价值、给付人及接收人等事实，认定彩礼范围。

下列情形给付的财物，不属于彩礼：

（一）一方在节日、生日等有特殊纪念意义时点给付的价值不大的礼物、礼金；

（二）一方为表达或者增进感情的日常消费性支出；

（三）其他价值不大的财物。

第四条 婚约财产纠纷中，婚约一方及其实际给付彩礼的父母可以作为共同原告；婚约另一方及其实际接收彩礼的父母可以作为共同被告。

离婚纠纷中，一方提出返还彩礼诉讼请求的，当事人仍为夫妻双方。

第五条 双方已办理结婚登记且共同生活，离婚时一方请求返还按照习俗给付的彩礼的，人民法院一般不予支持。但是，如果共同生活时间较短且彩礼数额过高的，人民法院可以根据彩礼实际使用及嫁妆情况，综合考虑彩礼数额、共同生活及孕育情况、双方过错等事实，结合当地习俗，确定是否返还以及返还的具体比例。

人民法院认定彩礼数额是否过高，应当综合考虑彩礼给付方所在地居民人均可支配收入、给付方家庭经济情况以及当地习俗等因素。

第六条 双方未办理结婚登记但已共同生活，一方请求返还按照习俗给付的彩礼的，人民法院应当根据彩礼实际使用及嫁妆情况，综合考虑共同生活及孕育情况、双方过错等事实，结合当地习俗，确定是否返还以及返还的具体比例。

3.《妇女权益保障法》

第六十五条 禁止对妇女实施家庭暴力。

县级以上人民政府有关部门、司法机关、社会团体、企业事业单位、基层群众性自治组织以及其他组织，应当在各自的职责范围内预防和制止家庭暴力，依法为受害妇女提供救助。

4.《反家庭暴力法》

第二条 本法所称家庭暴力，是指家庭成员之间以殴打、捆绑、残害、限制人身自由以及经常性谩骂、恐吓等方式实施的身体、精神等侵害行为。

第三条 家庭成员之间应当互相帮助，互相关爱，和睦相处，履行家庭义务。

反家庭暴力是国家、社会和每个家庭的共同责任。

国家禁止任何形式的家庭暴力。

第四条 县级以上人民政府负责妇女儿童工作的机构，负责组织、协调、指导、督促有关部门做好反家庭暴力工作。

县级以上人民政府有关部门、司法机关、人民团体、社会组织、居民委员会、村民委员会、企业事业单位，应当依照本法和有关法律规定，做好反家庭暴力工作。

各级人民政府应当对反家庭暴力工作给予必要的经费保障。

第五条 反家庭暴力工作遵循预防为主，教育、矫治与惩处相结合原则。

反家庭暴力工作应当尊重受害人真实意愿，保护当事人隐私。

未成年人、老年人、残疾人、孕期和哺乳期的妇女、重病患者遭受家庭暴力的，应当给予特殊保护。

第六条 国家开展家庭美德宣传教育，普及反家庭暴力知识，增强公民反家庭暴力意识。

工会、共产主义青年团、妇女联合会、残疾人联合会应当在各自工作范围内，组织开展家庭美德和反家庭暴力宣传教育。

广播、电视、报刊、网络等应当开展家庭美德和反家庭暴力宣传。

学校、幼儿园应当开展家庭美德和反家庭暴力教育。

第七条 县级以上人民政府有关部门、司法机关、妇女联合会应当将预防和制止家庭暴力纳入业务培训和统计工作。

医疗机构应当做好家庭暴力受害人的诊疗记录。

第八条 乡镇人民政府、街道办事处应当组织开展家庭暴力预防工作，居民委员会、村民委员会、社会工作服务机构应当予以配

一、婚姻制度篇

合协助。

第九条　各级人民政府应当支持社会工作服务机构等社会组织开展心理健康咨询、家庭关系指导、家庭暴力预防知识教育等服务。

第十条　人民调解组织应当依法调解家庭纠纷，预防和减少家庭暴力的发生。

第十一条　用人单位发现本单位人员有家庭暴力情况的，应当给予批评教育，并做好家庭矛盾的调解、化解工作。

第十二条　未成年人的监护人应当以文明的方式进行家庭教育，依法履行监护和教育职责，不得实施家庭暴力。

第十三条　家庭暴力受害人及其法定代理人、近亲属可以向加害人或者受害人所在单位、居民委员会、村民委员会、妇女联合会等单位投诉、反映或者求助。有关单位接到家庭暴力投诉、反映或者求助后，应当给予帮助、处理。

家庭暴力受害人及其法定代理人、近亲属也可以向公安机关报案或者依法向人民法院起诉。

单位、个人发现正在发生的家庭暴力行为，有权及时劝阻。

第十四条　学校、幼儿园、医疗机构、居民委员会、村民委员会、社会工作服务机构、救助管理机构、福利机构及其工作人员在工作中发现无民事行为能力人、限制民事行为能力人遭受或者疑似遭受家庭暴力的，应当及时向公安机关报案。公安机关应当对报案人的信息予以保密。

第十五条　公安机关接到家庭暴力报案后应当及时出警，制止家庭暴力，按照有关规定调查取证，协助受害人就医、鉴定伤情。

无民事行为能力人、限制民事行为能力人因家庭暴力身体受到严重伤害、面临人身安全威胁或者处于无人照料等危险状态的，公安机关应当通知并协助民政部门将其安置到临时庇护场所、救助管

009

理机构或者福利机构。

第十六条　家庭暴力情节较轻，依法不给予治安管理处罚的，由公安机关对加害人给予批评教育或者出具告诫书。

告诫书应当包括加害人的身份信息、家庭暴力的事实陈述、禁止加害人实施家庭暴力等内容。

第十七条　公安机关应当将告诫书送交加害人、受害人，并通知居民委员会、村民委员会。

居民委员会、村民委员会、公安派出所应当对收到告诫书的加害人、受害人进行查访，监督加害人不再实施家庭暴力。

第十八条　县级或者设区的市级人民政府可以单独或者依托救助管理机构设立临时庇护场所，为家庭暴力受害人提供临时生活帮助。

第十九条　法律援助机构应当依法为家庭暴力受害人提供法律援助。

人民法院应当依法对家庭暴力受害人缓收、减收或者免收诉讼费用。

第二十条　人民法院审理涉及家庭暴力的案件，可以根据公安机关出警记录、告诫书、伤情鉴定意见等证据，认定家庭暴力事实。

第二十一条　监护人实施家庭暴力严重侵害被监护人合法权益的，人民法院可以根据被监护人的近亲属、居民委员会、村民委员会、县级人民政府民政部门等有关人员或者单位的申请，依法撤销其监护人资格，另行指定监护人。

被撤销监护人资格的加害人，应当继续负担相应的赡养、扶养、抚养费用。

第二十二条　工会、共产主义青年团、妇女联合会、残疾人联合会、居民委员会、村民委员会等应当对实施家庭暴力的加害人进行法治教育，必要时可以对加害人、受害人进行心理辅导。

第二十三条 当事人因遭受家庭暴力或者面临家庭暴力的现实危险，向人民法院申请人身安全保护令的，人民法院应当受理。

当事人是无民事行为能力人、限制民事行为能力人，或者因受到强制、威吓等原因无法申请人身安全保护令的，其近亲属、公安机关、妇女联合会、居民委员会、村民委员会、救助管理机构可以代为申请。

第二十四条 申请人身安全保护令应当以书面方式提出；书面申请确有困难的，可以口头申请，由人民法院记入笔录。

第二十五条 人身安全保护令案件由申请人或者被申请人居住地、家庭暴力发生地的基层人民法院管辖。

第二十六条 人身安全保护令由人民法院以裁定形式作出。

第二十七条 作出人身安全保护令，应当具备下列条件：

（一）有明确的被申请人；

（二）有具体的请求；

（三）有遭受家庭暴力或者面临家庭暴力现实危险的情形。

第二十八条 人民法院受理申请后，应当在七十二小时内作出人身安全保护令或者驳回申请；情况紧急的，应当在二十四小时内作出。

第二十九条 人身安全保护令可以包括下列措施：

（一）禁止被申请人实施家庭暴力；

（二）禁止被申请人骚扰、跟踪、接触申请人及其相关近亲属；

（三）责令被申请人迁出申请人住所；

（四）保护申请人人身安全的其他措施。

第三十条 人身安全保护令的有效期不超过六个月，自作出之日起生效。人身安全保护令失效前，人民法院可以根据申请人的申请撤销、变更或者延长。

第三十一条 申请人对驳回申请不服或者被申请人对人身安全保护令不服的，可以自裁定生效之日起五日内向作出裁定的人民法院申请复议一次。人民法院依法作出人身安全保护令的，复议期间不停止人身安全保护令的执行。

第三十二条 人民法院作出人身安全保护令后，应当送达申请人、被申请人、公安机关以及居民委员会、村民委员会等有关组织。人身安全保护令由人民法院执行，公安机关以及居民委员会、村民委员会等应当协助执行。

第三十三条 加害人实施家庭暴力，构成违反治安管理行为的，依法给予治安管理处罚；构成犯罪的，依法追究刑事责任。

第三十四条 被申请人违反人身安全保护令，构成犯罪的，依法追究刑事责任；尚不构成犯罪的，人民法院应当给予训诫，可以根据情节轻重处以一千元以下罚款、十五日以下拘留。

第三十五条 学校、幼儿园、医疗机构、居民委员会、村民委员会、社会工作服务机构、救助管理机构、福利机构及其工作人员未依照本法第十四条规定向公安机关报案，造成严重后果的，由上级主管部门或者本单位对直接负责的主管人员和其他直接责任人员依法给予处分。

第三十六条 负有反家庭暴力职责的国家工作人员玩忽职守、滥用职权、徇私舞弊的，依法给予处分；构成犯罪的，依法追究刑事责任。

第三十七条 家庭成员以外共同生活的人之间实施的暴力行为，参照本法规定执行。

5.《人身安全保护令规定》

第一条 当事人因遭受家庭暴力或者面临家庭暴力的现实危险，依照反家庭暴力法向人民法院申请人身安全保护令的，人民法院应当受理。

向人民法院申请人身安全保护令，不以提起离婚等民事诉讼为条件。

第二条 当事人因年老、残疾、重病等原因无法申请人身安全保护令，其近亲属、公安机关、民政部门、妇女联合会、居民委员会、村民委员会、残疾人联合会、依法设立的老年人组织、救助管理机构等，根据当事人意愿，依照反家庭暴力法第二十三条规定代为申请的，人民法院应当依法受理。

第三条 家庭成员之间以冻饿或者经常性侮辱、诽谤、威胁、跟踪、骚扰等方式实施的身体或者精神侵害行为，应当认定为反家庭暴力法第二条规定的"家庭暴力"。

第四条 反家庭暴力法第三十七条规定的"家庭成员以外共同生活的人"一般包括共同生活的儿媳、女婿、公婆、岳父母以及其他有监护、扶养、寄养等关系的人。

第五条 当事人及其代理人对因客观原因不能自行收集的证据，申请人民法院调查收集，符合《最高人民法院关于适用〈中华人民共和国民事诉讼法〉的解释》第九十四条第一款规定情形的，人民法院应当调查收集。

人民法院经审查，认为办理案件需要的证据符合《最高人民法院关于适用〈中华人民共和国民事诉讼法〉的解释》第九十六条规定的，应当调查收集。

第六条 人身安全保护令案件中，人民法院根据相关证据，认为申请人遭受家庭暴力或者面临家庭暴力现实危险的事实存在较大可能性的，可以依法作出人身安全保护令。

前款所称"相关证据"包括：

（一）当事人的陈述；

（二）公安机关出具的家庭暴力告诫书、行政处罚决定书；

（三）公安机关的出警记录、讯问笔录、询问笔录、接警记录、报警回执等；

（四）被申请人曾出具的悔过书或者保证书等；

（五）记录家庭暴力发生或者解决过程等的视听资料；

（六）被申请人与申请人或者其近亲属之间的电话录音、短信、即时通讯信息、电子邮件等；

（七）医疗机构的诊疗记录；

（八）申请人或者被申请人所在单位、民政部门、居民委员会、村民委员会、妇女联合会、残疾人联合会、未成年人保护组织、依法设立的老年人组织、救助管理机构、反家暴社会公益机构等单位收到投诉、反映或者求助的记录；

（九）未成年子女提供的与其年龄、智力相适应的证言或者亲友、邻居等其他证人证言；

（十）伤情鉴定意见；

（十一）其他能够证明申请人遭受家庭暴力或者面临家庭暴力现实危险的证据。

第七条 人民法院可以通过在线诉讼平台、电话、短信、即时通讯工具、电子邮件等简便方式询问被申请人。被申请人未发表意见的，不影响人民法院依法作出人身安全保护令。

第八条 被申请人认可存在家庭暴力行为，但辩称申请人有过错的，不影响人民法院依法作出人身安全保护令。

第九条 离婚等案件中，当事人仅以人民法院曾作出人身安全保护令为由，主张存在家庭暴力事实的，人民法院应当根据《最高人民法院关于适用〈中华人民共和国民事诉讼法〉的解释》第一百零八条的规定，综合认定是否存在该事实。

第十条 反家庭暴力法第二十九条第四项规定的"保护申请人人身安全的其他措施"可以包括下列措施：

（一）禁止被申请人以电话、短信、即时通讯工具、电子邮件等方式侮辱、诽谤、威胁申请人及其相关近亲属；

（二）禁止被申请人在申请人及其相关近亲属的住所、学校、工作单位等经常出入场所的一定范围内从事可能影响申请人及其相关近亲属正常生活、学习、工作的活动。

第十一条　离婚案件中，判决不准离婚或者调解和好后，被申请人违反人身安全保护令实施家庭暴力的，可以认定为民事诉讼法第一百二十七条第七项规定的"新情况、新理由"。

第十二条　被申请人违反人身安全保护令，符合《中华人民共和国刑法》第三百一十三条规定的，以拒不执行判决、裁定罪定罪处罚；同时构成其他犯罪的，依照刑法有关规定处理。

6.《反家暴意见》

一、基本原则

1. 依法及时、有效干预。针对家庭暴力持续反复发生，不断恶化升级的特点，人民法院、人民检察院、公安机关、司法行政机关对已发现的家庭暴力，应当依法采取及时、有效的措施，进行妥善处理，不能以家庭暴力发生在家庭成员之间，或者属于家务事为由而置之不理，互相推诿。

2. 保护被害人安全和隐私。办理家庭暴力犯罪案件，应当首先保护被害人的安全。通过对被害人进行紧急救治、临时安置，以及对施暴人采取刑事强制措施、判处刑罚、宣告禁止令等措施，制止家庭暴力并防止再次发生，消除家庭暴力的现实侵害和潜在危险。对与案件有关的个人隐私，应当保密，但法律有特别规定的除外。

3. 尊重被害人意愿。办理家庭暴力犯罪案件，既要严格依法进行，也要尊重被害人的意愿。在立案、采取刑事强制措施、提起公诉、判处刑罚、减刑、假释时，应当充分听取被害人意见，在法律规定的范围内作出合情、合理的处理。对法律规定可以调解、和解的案件，应当在当事人双方自愿的基础上进行调解、和解。

4. 对未成年人、老年人、残疾人、孕妇、哺乳期妇女、重病患者特殊保护。办理家庭暴力犯罪案件，应当根据法律规定和案件情况，通过代为告诉、法律援助等措施，加大对未成年人、老年人、残疾人、孕妇、哺乳期妇女、重病患者的司法保护力度，切实保障他们的合法权益。

二、案件受理

5. 积极报案、控告和举报。依照刑事诉讼法第一百零八条第一款"任何单位和个人发现有犯罪事实或者犯罪嫌疑人，有权利也有义务向公安机关、人民检察院或者人民法院报案或者举报"的规定，家庭暴力被害人及其亲属、朋友、邻居、同事，以及村（居）委会、人民调解委员会、妇联、共青团、残联、医院、学校、幼儿园等单位、组织，发现家庭暴力，有权利也有义务及时向公安机关、人民检察院、人民法院报案、控告或者举报。

公安机关、人民检察院、人民法院对于报案人、控告人和举报人不愿意公开自己的姓名和报案、控告、举报行为的，应当为其保守秘密，保护报案人、控告人和举报人的安全。

6. 迅速审查、立案和转处。公安机关、人民检察院、人民法院接到家庭暴力的报案、控告或者举报后，应当立即问明案件的初步情况，制作笔录，迅速进行审查，按照刑事诉讼法关于立案的规定，根据自己的管辖范围，决定是否立案。对于符合立案条件的，要及时立案。对于可能构成犯罪但不属于自己管辖的，应当移送主管机关处理，并且通知报案人、控告人或者举报人；对于不属于自己管辖而又必须采取紧急措施的，应当先采取紧急措施，然后移送主管机关。

经审查，对于家庭暴力行为尚未构成犯罪，但属于违反治安管理行为的，应当将案件移送公安机关，依照治安管理处罚法的规定进行处理，同时告知被害人可以向人民调解委员会提出申请，或者向人民法院提起民事诉讼，要求施暴人承担停止侵害、赔礼道歉、赔偿损失等民事责任。

7. 注意发现犯罪案件。公安机关在处理人身伤害、虐待、遗弃等行政案件过程中，人民法院在审理婚姻家庭、继承、侵权责任纠纷等民事案件过程中，应当注意发现可能涉及的家庭暴力犯罪。一旦发现家庭暴力犯罪线索，公安机关应当将案件转为刑事案件办理，人民法院应当将案件移送公安机关；属于自诉案件的，公安机关、人民法院应当告知被害人提起自诉。

8. 尊重被害人的程序选择权。对于被害人有证据证明的轻微家庭暴力犯罪案件，在立案审查时，应当尊重被害人选择公诉或者自诉的权利。被害人要求公安机关处理的，公安机关应当依法立案、侦查。在侦查过程中，被害人不再要求公安机关处理或者要求转为自诉案件的，应当告知被害人向公安机关提交书面申请。经审查确系被害人自愿提出的，公安机关应当依法撤销案件。被害人就这类案件向人民法院提起自诉的，人民法院应当依法受理。

9. 通过代为告诉充分保障被害人自诉权。对于家庭暴力犯罪自诉案件，被害人无法告诉或者不能亲自告诉的，其法定代理人、近亲属可以告诉或者代为告诉；被害人是无行为能力人、限制行为能力人，其法定代理人、近亲属没有告诉或者代为告诉的，人民检察院可以告诉；侮辱、暴力干涉婚姻自由等告诉才处理的案件，被害人因受强制、威吓无法告诉的，人民检察院也可以告诉。人民法院对告诉或者代为告诉的，应当依法受理。

10. 切实加强立案监督。人民检察院要切实加强对家庭暴力犯罪案件的立案监督，发现公安机关应当立案而不立案的，或者被害人及其法定代理人、近亲属，有关单位、组织就公安机关不予立案向人民检察院提出异议的，人民检察院应当要求公安机关说明不立案的理由。人民检察院认为不立案理由不成立的，应当通知公安机关立案，公安机关接到通知后应当立案；认为不立案理由成立的，应当将理由告知提出异议的被害人及其法定代理人、近亲属或者有关单位、组织。

11. 及时、全面收集证据。公安机关在办理家庭暴力案件时，要充分、全面地收集、固定证据，除了收集现场的物证、被害人陈述、证人证言等证据外，还应当注意及时向村（居）委会、人民调解委员会、妇联、共青团、残联、医院、学校、幼儿园等单位、组织的工作人员，以及被害人的亲属、邻居等收集涉及家庭暴力的处理记录、病历、照片、视频等证据。

12. 妥善救治、安置被害人。人民法院、人民检察院、公安机关等负有保护公民人身安全职责的单位和组织，对因家庭暴力受到严重伤害需要紧急救治的被害人，应当立即协助联系医疗机构救治；对面临家庭暴力严重威胁，或者处于无人照料等危险状态，需要临时安置的被害人或者相关未成年人，应当通知并协助有关部门进行安置。

13. 依法采取强制措施。人民法院、人民检察院、公安机关对实施家庭暴力的犯罪嫌疑人、被告人，符合拘留、逮捕条件的，可以依法拘留、逮捕；没有采取拘留、逮捕措施的，应当通过走访、打电话等方式与被害人或者其法定代理人、近亲属联系，了解被害人的人身安全状况。对于犯罪嫌疑人、被告人再次实施家庭暴力的，应当根据情况，依法采取必要的强制措施。

人民法院、人民检察院、公安机关决定对实施家庭暴力的犯罪嫌疑人、被告人取保候审的，为了确保被害人及其子女和特定亲属的安全，可以依照刑事诉讼法第六十九条第二款的规定，责令犯罪嫌疑人、被告人不得再次实施家庭暴力；不得侵扰被害人的生活、工作、学习；不得进行酗酒、赌博等活动；经被害人申请且有必要

一、婚姻制度篇

的，责令不得接近被害人及其未成年子女。

14. 加强自诉案件举证指导。家庭暴力犯罪案件具有案发周期较长、证据难以保存、被害人处于相对弱势、举证能力有限，相关事实难以认定等特点。有些特点在自诉案件中表现得更为突出。因此，人民法院在审理家庭暴力自诉案件时，对于因当事人举证能力不足等原因，难以达到法律规定的证据要求的，应当及时对当事人进行举证指导，告知需要收集的证据及收集证据的方法。对于因客观原因不能取得的证据，当事人申请人民法院调取的，人民法院应当认真审查，认为确有必要的，应当调取。

15. 加大对被害人的法律援助力度。人民检察院自收到移送审查起诉的案件材料之日起三日内，人民法院自受理案件之日起三日内，应当告知被害人及其法定代理人或者近亲属有权委托诉讼代理人，如果经济困难，可以向法律援助机构申请法律援助；对于被害人是未成年人、老年人、重病患者或者残疾人等，因经济困难没有委托诉讼代理人的，人民检察院、人民法院应当帮助其申请法律援助。

法律援助机构应当依法为符合条件的被害人提供法律援助，指派熟悉反家庭暴力法律法规的律师办理案件。

三、定罪处罚

16. 依法准确定罪处罚。对故意杀人、故意伤害、强奸、猥亵儿童、非法拘禁、侮辱、暴力干涉婚姻自由、虐待、遗弃等侵害公民人身权利的家庭暴力犯罪，应当根据犯罪的事实、犯罪的性质、情节和对社会的危害程度，严格依照刑法的有关规定判处。对于同一行为同时触犯多个罪名的，依照处罚较重的规定定罪处罚。

17. 依法惩处虐待犯罪。采取殴打、冻饿、强迫过度劳动、限制人身自由、恐吓、侮辱、谩骂等手段，对家庭成员的身体和精神进行摧残、折磨，是实践中较为多发的虐待性质的家庭暴力。根据司法实践，具有虐待持续时间较长、次数较多；虐待手段残忍；虐待造成被害人轻微伤或者患较严重疾病；对未成年人、老年人、残疾人、孕妇、哺乳期妇女、重病患者实施较为严重的虐待行为等情形，属于刑法第二百六十条第一款规定的虐待"情节恶劣"，应当依法以虐待罪定罪处罚。

准确区分虐待犯罪致人重伤、死亡与故意伤害、故意杀人犯罪致人重伤、死亡的界限，要根据被告人的主观故意、所实施的暴力手段与方式、是否立即或者直接造成被害人伤亡后果等进行综合判断。对于被告人主观上不具有侵害被害人健康或者剥夺被害人生命的故意，而是出于追求被害人肉体和精神上的痛苦，长期或者多次实施虐待行为，逐渐造成被害人身体损害，过失导致被害人重伤或者死亡的；或者因虐待致使被害人不堪忍受而自残、自杀，导致重伤或者死亡的，属于刑法第二百六十条第二款规定的虐待"致使被害人重伤、死亡"，应当以虐待罪定罪处罚。对于被告人虽然实施家庭暴力呈现出经常性、持续性、反复性的特点，但其主观上具有希望或者放任被害人重伤或者死亡的故意，持凶器实施暴力，暴力手段残忍，暴力程度较强，直接或者立即造成被害人重伤或者死亡的，应当以故意伤害罪或者故意杀人罪定罪处罚。

依法惩处遗弃犯罪。负有扶养义务且有扶养能力的人，拒绝扶养年幼、年老、患病或者其他没有独立生活能力的家庭成员，是危害严重的遗弃性质的家庭暴力。根据司法实践，具有对被害人长期不予照顾、不提供生活来源；驱赶、逼迫被害人离家，致使被害人流离失所或者生存困难；遗弃患严重疾病或者生活不能自理的被害人；遗弃致使被害人身体严重损害或者造成其他严重后果等情形，属于刑法第二百六十一条规定的遗弃"情节恶劣"，应当依法以遗弃罪定罪处罚。

准确区分遗弃罪与故意杀人罪的界限，要根据被告人的主观故意、所实施行为的时间与地点、是否立即造成被害人死亡,以及被害人对被告人的依赖程度等进行综合判断。对于只是为了逃避扶养义务,并不希望或者放任被害人死亡,将生活不能自理的被害人弃置在福利院、医院、派出所等单位或者广场、车站等行人较多的场所,希望被害人得到他人救助的,一般以遗弃罪定罪处罚。对于希望或者放任被害人死亡,不履行必要的扶养义务,致使被害人因缺乏生活照料而死亡,或者将生活不能自理的被害人带至荒山野岭等人迹罕至的场所扔弃,使被害人难以得到他人救助的,应当以故意杀人罪定罪处罚。

18. 切实贯彻宽严相济刑事政策。对于实施家庭暴力构成犯罪的,应当根据罪刑法定、罪刑相适应原则,兼顾维护家庭稳定、尊重被害人意愿等因素综合考虑,宽严并用,区别对待。根据司法实践,对于实施家庭暴力手段残忍或者造成严重后果;出于恶意侵占财产等卑劣动机实施家庭暴力;因酗酒、吸毒、赌博等恶习而长期或者多次实施家庭暴力;曾因实施家庭暴力受到刑事处罚、行政处罚;或者具有其他恶劣情形的,可以酌情从重处罚。对于实施家庭暴力犯罪情节较轻,或者被告人真诚悔罪,获得被害人谅解,从轻处罚有利于被扶养人的,可以酌情从轻处罚;对于情节轻微不需要判处刑罚的,人民检察院可以不起诉,人民法院可以判处免予刑事处罚。

对于实施家庭暴力情节显著轻微危害不大不构成犯罪的,应当撤销案件、不起诉,或者宣告无罪。

人民法院、人民检察院、公安机关应当充分运用训诫,责令施暴人保证不再实施家庭暴力,或者向被害人赔礼道歉、赔偿损失等非刑罚处罚措施,加强对施暴人的教育与惩戒。

19. 准确认定对家庭暴力的正当防卫。为了使本人或者他人的人身权利免受不法侵害,对正在进行的家庭暴力采取制止行为,只要符合刑法规定的条件，就应当依法认定为正当防卫，不负刑事责任。防卫行为造成施暴人重伤、死亡，且明显超过必要限度，属于防卫过当，应当负刑事责任，但是应当减轻或者免除处罚。

认定防卫行为是否"明显超过必要限度"，应当以足以制止并使防卫人免受家庭暴力不法侵害的需要为标准，根据施暴人正在实施家庭暴力的严重程度、手段的残忍程度、防卫人所处的环境、面临的危险程度、采取的制止暴力的手段、造成施暴人重大损害的程度，以及既往家庭暴力的严重程度等进行综合判断。

20. 充分考虑案件中的防卫因素和过错责任。对于长期遭受家庭暴力后，在激愤、恐惧状态下为了防止再次遭受家庭暴力，或者为了摆脱家庭暴力而故意杀害、伤害施暴人，被告人的行为具有防卫因素，施暴人在案件起因上具有明显过错或者直接责任的，可以酌情从宽处罚。对于因遭受严重家庭暴力，身体、精神受到重大损害而故意杀害施暴人；或者因不堪忍受长期家庭暴力而故意杀害施暴人，犯罪情节不是特别恶劣，手段不是特别残忍的，可以认定为刑法第二百三十二条规定的故意杀人"情节较轻"。在服刑期间确有悔改表现的，可以根据其家庭情况，依法放宽减刑的幅度，缩短减刑的起始时间与间隔时间；符合假释条件的，应当假释。被杀害施暴人的近亲属表示谅解的，在量刑、减刑、假释时应当予以充分考虑。

四、其他措施

21. 充分运用禁止令措施。人民法院对实施家庭暴力构成犯罪被判处管制或者宣告缓刑的犯罪分子，为了确保被害人及其子女和特定亲属的人身安全，可以依照刑法第三十八条第二款、第七十二条第二款的规定，同时禁止犯罪分子再次实施家庭暴力，侵扰被害人的生活、工作、学习，进行酗酒、赌博等活动；经被害人申请且有必要的，禁止接近被害人及其未成年子女。

22. 告知申请撤销施暴人的监护资格。人民法院、人民检察院、公安机关对于监护人实施家庭暴力，严重侵害被监护人合法权益的，在必要时可以告知被监护人及其他有监护资格的人员、单位，向人民法院提出申请，要求撤销监护人资格，依法另行指定监护人。

23. 充分运用人身安全保护措施。人民法院为了保护被害人的人身安全，避免其再次受到家庭暴力的侵害，可以根据申请，依照民事诉讼法等法律的相关规定，作出禁止施暴人再次实施家庭暴力、禁止接近被害人、迁出被害人的住所等内容的裁定。对于施暴人违反裁定的行为，如对被害人进行威胁、恐吓、殴打、伤害、杀害，或者未经被害人同意拒不迁出住所的，人民法院可以根据情节轻重予以罚款、拘留；构成犯罪的，应当依法追究刑事责任。

24. 充分运用社区矫正措施。社区矫正机构对因实施家庭暴力构成犯罪被判处管制、宣告缓刑、假释或者暂予监外执行的犯罪分子，应当依法开展家庭暴力行为矫治，通过制定有针对性的监管、教育和帮助措施，矫正犯罪分子的施暴心理和行为恶习。

25. 加强反家庭暴力宣传教育。人民法院、人民检察院、公安机关、司法行政机关应当结合本部门工作职责，通过以案说法、社区普法、针对重点对象法制教育等多种形式，开展反家庭暴力宣传教育活动，有效预防家庭暴力，促进平等、和睦、文明的家庭关系，维护社会和谐、稳定。

7.《民政部、全国妇联关于做好家庭暴力受害人庇护救助工作的指导意见》

一、工作对象

家庭暴力受害人庇护救助工作对象是指常住人口及流动人口中，因遭受家庭暴力导致人身安全受到威胁，处于无处居住等暂时生活困境，需要进行庇护救助的未成年人和寻求庇护救助的成年受害人。寻求庇护救助的妇女可携带需要其照料的未成年子女同时申请庇护。

二、工作原则

（一）未成年人特殊、优先保护原则。为遭受家庭暴力侵害的未成年人提供特殊、优先保护，积极主动庇护救助未成年受害人。依法干预处置监护人侵害未成年人合法权益的行为，切实保护未成年人合法权益。

（二）依法庇护原则。依法为受害人提供临时庇护救助服务，充分尊重受害人合理意愿，严格保护其个人隐私。积极运用家庭暴力告诫书、人身安全保护裁定、调解诉讼等法治手段，保障受害人人身安全，维护其合法权益。

（三）专业化帮扶原则。积极购买社会工作、心理咨询等专业服务，鼓励受害人自主接受救助方案和帮扶方式，协助家庭暴力受害人克服心理阴影和行为障碍，协调解决婚姻、生活、学习、工作等方面的实际困难，帮助其顺利返回家庭、融入社会。

（四）社会共同参与原则。在充分发挥民政部门和妇联组织职能职责和工作优势的基础上，动员引导多方面社会力量参与受害人庇护救助服务和反对家庭暴力宣传等工作，形成多方参与、优势互补、共同协作的工作合力。

三、工作内容

（一）及时受理求助。妇联组织要及时接待受害人求助请求或相关人员的举报投诉，根据调查了解的情况向公安机关报告，请公安机关对家庭暴力行为进行调查处置。妇联组织、民政部门发现未成年人遭受虐待、暴力伤害等家庭暴力情形的，应当及时报请公安机关进行调查处置和干预保护。民政部门及救助管理机构应当及时接收公安机关、妇联等有关部门护送或主动寻求庇护救助的受害人，办理入站登记手续，根据性别、年龄实行分类分区救助，妥善安排食宿等临时救助服务并做好隐私保护工作。救助管理机构庇护救助成年受害人期限一般不超过 10 天，因特殊情况需要延长的，报主管民政部门备案。城乡社区服务机构可以为社区内遭受家庭暴力的居民提供应急庇护救助服务。

（二）按需提供转介服务。民政部门及救助管理机构和妇联组织可以通过与社会工作服务机构、心理咨询机构等专业力量合作方式对受害人进行安全评估和需求评估，根据受害人的身心状况和客观需求制定个案服务方案。要积极协调人民法院、司法行政、人力资源社会保障、卫生等部门、社会救助经办机构、医院和社会组织，为符合条件的受害人提供司法救助、法律援助、婚姻家庭纠纷调解、就业援助、医疗救助、心理康复等转介服务。对于实施家庭暴力的未成年人监护人，应通过家庭教育指导、监护监督等多种方式，督促监护人改善监护方式，提升监护能力；对于目睹家庭暴力的未成年人，要提供心理辅导和关爱服务。

（三）加强受害人人身安全保护。民政部门及救助管理机构或妇联组织可以根据需要协助受害人或代表未成年受害人向人民法院申请人身安全保护裁定，依法保护受害人的人身安全，避免其再次受到家庭暴力的侵害。成年受害人在庇护期间自愿离开救助管理机构的，应提出书面申请，说明离开原因，可自行离开、由受害人亲友接回或由当地村（居）民委员会、基层妇联组织护送回家。其他监护人、近亲属前来接领未成年受害人的，经公安机关或村（居）民委员会确认其身份后，救助管理机构可以将未成年受害人交由其照料，并与其办理书面交接手续。

（四）强化未成年受害人救助保护。民政部门和救助管理机构要按照《最高人民法院 最高人民检察院 公安部 民政部关于依法处理监护人侵害未成年人权益行为若干问题的意见》（法发〔2014〕24号）要求，做好未成年受害人临时监护、调查评估、多方会商等工作。救助管理机构要将遭受家庭暴力侵害的未成年受害人安排在专门区域进行救助保护。对于年幼的未成年受害人,要安排专业社会工作者或专人予以陪护和精心照料,待其情绪稳定后可根据需要安排到爱心家庭寄养。未成年受害人接受司法机关调查时,民政部门或救助管理机构要安排专职社会工作者或专人予以陪伴,必要时请妇联组织派员参加,避免其受到"二次伤害"。对于遭受严重家庭暴力侵害的未成年人,民政部门或救助管理机构、妇联组织可以向人民法院提出申请,要求撤销施暴人监护资格,依法另行指定监护人。

四、工作要求

(一)健全工作机制。民政部门和妇联组织要建立有效的信息沟通渠道,建立健全定期会商、联合作业、协同帮扶等联动协作机制,细化具体任务职责和合作流程,共同做好受害人的庇护救助和权益维护工作。民政部门及救助管理机构要为妇联组织、司法机关开展受害人维权服务、司法调查等工作提供设施场所、业务协作等便利。妇联组织要依法为受害人提供维权服务。

(二)加强能力建设。民政部门及救助管理机构和妇联组织要选派政治素质高、业务能力强的工作人员参与受害人庇护救助工作,加强对工作人员的业务指导和能力培训。救助管理机构应开辟专门服务区域设立家庭暴力庇护场所,实现与流浪乞讨人员救助服务区域的相对隔离,有条件的地方可充分利用现有设施设置生活居室、社会工作室、心理访谈室、探访会客室等,设施陈列和环境布置要温馨舒适。救助管理机构要加强家庭暴力庇护工作的管理服务制度建设,建立健全来访会谈、出入登记、隐私保护、信息查阅等制度。妇联组织要加强"12338"法律维权热线和维权队伍建设,为受害人主动求助、法律咨询和依法维权提供便利渠道和服务。

(三)动员社会参与。民政部门和救助管理机构可以通过购买服务、项目合作、志愿服务等多种方式，鼓励支持社会组织、社会工作服务机构、法律服务机构参与家庭暴力受害人庇护救助服务，提供法律政策咨询、心理疏导、婚姻家庭纠纷调解、家庭关系辅导、法律援助等服务，并加强对社会力量的统筹协调。妇联组织可以发挥政治优势、组织优势和群众工作优势，动员引导爱心企业、爱心家庭和志愿者等社会力量通过慈善捐赠、志愿服务等方式参与家庭暴力受害人庇护救助服务。

（四）强化宣传引导。各级妇联组织和民政部门要积极调动舆论资源，主动借助新兴媒体，切实运用各类传播阵地，公布家庭暴力救助维权热线电话，开设反对家庭暴力专题栏目，传播介绍反对家庭暴力的法律法规；加强依法处理家庭暴力典型事例（案例）的法律解读、政策释义和宣传报道，引导受害人及时保存证据，依法维护自身合法权益；城乡社区服务机构要积极开展反对家庭暴力宣传，提高社区居民参与反对家庭暴力工作的意识，鼓励社区居民主动发现和报告监护人虐待未成年人等家庭暴力线索。

典型案例

1. 指导性案例 226 号：陈某某、刘某某故意伤害、虐待案[①]

关键词

刑事/故意伤害罪/虐待罪/未成年人/家庭成员/以特别残忍手段致人重伤造成严重残疾

裁判要点

1. 与父（母）的未婚同居者处于较为稳定的共同生活状态的未成年人，应当认定为刑法第二百六十条规定的"家庭成员"。

[①] 最高人民法院审判委员会讨论通过，2024 年 5 月 30 日发布。

2. 在经常性的虐待过程中, 行为人对被害人实施严重暴力, 主观上希望或者放任、客观上造成被害人轻伤以上后果的, 应当认定为故意伤害罪; 如果将该伤害行为独立评价后, 其他虐待行为仍符合虐待罪构成要件的, 应当以故意伤害罪与虐待罪数罪并罚。

3. 对于故意伤害未成年人案件, 认定是否符合刑法第二百三十四条第二款规定的以特别残忍手段致人重伤造成"严重残疾", 应当综合考量残疾等级、数量、所涉部位等情节, 以及伤害后果对未成年人正在发育的身心所造成的严重影响等因素, 依法准确作出判断。

基本案情

被告人刘某某系被害人童某某（系化名, 女, 2014年3月出生）的母亲。刘某某离婚后, 童某某由刘某某直接抚养。2019年11月, 刘某某结识被告人陈某某, 后恋爱并同居。

2020年2月13日, 被告人陈某某因童某某与父亲视频聊天而心生不满, 遂对童某某实施打耳光、踢踹等行为, 为此, 刘某某将童某某带离陈某某住处, 并向陈某某提出分手。2月17日晚, 陈某某来到刘某某住处, 因分手之事迁怒于童某某, 进门后直接将童某某踹倒在地, 又对童某某头部、身体、腿部猛踹数脚。次日, 刘某某带童某某就医治疗。童某某被诊断为: 额部挫伤、颏部挫裂伤。此后, 为躲避陈某某, 刘某某带着童某某到朋友家暂住。其间, 陈某某多次向刘某某表示道歉并请求原谅。同年3月20日, 刘某某与陈某某恢复交往, 并带着童某某搬入陈某某住处生活。

之后, 在共同生活期间, 被告人陈某某经常无故或者以管教孩子等各种借口, 通过拳打脚踢、洗衣板殴打、烟头烫等方式伤害童某某, 造成童某某身体多处受伤。陈某某还经常采取让童某某长时间跪洗衣板、吞烟头、冻饿、凌辱等方式体罚、虐待童某某。被告人刘某某作为童某某的母亲, 未进行有效阻止, 放任陈某某对童某某实施伤害和虐待,并时而参与,致童某某轻伤。

2020年5月中旬,被告人陈某某为童某某洗澡,因童某某认为水温不适,陈某某遂故意将水温反复调至最高和最低档位浇淋童某某。被告人刘某某听到童某某喊叫,进入卫生间查看,陈某某谎称水不热,刘某某遂关门离开。洗完澡后,陈某某将童某某带出浴室罚跪,刘某某发现童某某身上被烫出大面积水泡,仅为其擦涂烫伤膏,未及时送医治疗。直至同月下旬,童某某伤口感染严重,二被告人才将其送往医院救治。后经他人报警,二被告人被抓获归案。

经鉴定,童某某全身烧烫伤损伤程度达重伤二级(面部烫伤遗留浅表疤痕素改变,残疾等级为七级),另有五处损伤为轻伤一级(其中三处残疾等级为九级)和五处损伤为轻伤二级。另查明,被害人童某某治疗期间支出的医疗费、营养费等共计人民币202767.35元。

本案案发后,人民法院依法撤销被害人母亲刘某某对童某某的监护人资格,将抚养权从刘某某变更至被害人父亲,并联系心理医生定期对童某某进行心理辅导,协调解决其入学、生活困难等问题。

裁判结果

辽宁省抚顺市新抚区人民法院于2021年10月13日作出刑事附带民事判决:一、被告人陈某某犯故意伤害罪,判处有期徒刑十五年;犯虐待罪,判处有期徒刑二年,决定执行有期徒刑十六年。二、被告人刘某某犯故意伤害罪,判处有期徒刑二年;犯虐待罪,判处有期徒刑一年六个月,决定执行有期徒刑三年。三、被告人陈某某赔偿附带民事诉讼原告人童某某人民币202767.35元。宣判后,没有上诉、抗诉,判决已发生法律效力。

裁判理由

被告人陈某某与被害人母亲刘某某系同居关系，其与刘某某及被害人童某某处于较为稳定的共同生活状态，已形成事实上的家庭关系。陈某某在与刘某某及童某某共同生活期间，以殴打、体罚、冻饿、凌辱等方式，长期、频繁地对童某某进行摧残、折磨，情节恶劣，已构成虐待罪。被告人刘某某作为童某某的母亲，未采取有效措施阻止、防范陈某某的虐待行为，一再放任，并时而参与，亦构成虐待罪。

在经常性、持续性的虐待过程中，被告人陈某某采用烟头烫、热水淋、拳打脚踢等暴力手段多次直接伤害童某某身体，造成被害人一处重伤、十处轻伤等严重后果，所涉故意伤害行为不能为虐待罪所评价，应当以故意伤害罪论处。被告人刘某某作为童某某的母亲，一再放任陈某某伤害童某某，并时而参与致童某某轻伤，其行为亦构成故意伤害罪。此外，二被告人经常性、持续性的虐待行为亦构成虐待罪，如对二被告人的犯罪行为仅以故意伤害罪论处，并不能全面评价其虐待行为，故应当以故意伤害罪与虐待罪数罪并罚。

根据刑法第二百三十四条的规定，以特别残忍手段致人重伤造成严重残疾的，处十年以上有期徒刑、无期徒刑或者死刑。对于一般故意伤害案件，通常将六级以上残疾视为"严重残疾"。本案中，被害人的身体受损伤程度经鉴定为七级残疾，但被害人身体不同部位遭受伤害造成多处残疾（一处七级残疾、三处九级残疾），对未成年人身心健康损害极其严重。基于此，从最大限度保护未成年人利益出发，经综合判断，将本案所涉情形认定为"以特别残忍手段致人重伤造成严重残疾"，以故意伤害罪对被告人陈某某判处有期徒刑十五年。

在共同犯罪中，被告人陈某某起主要作用，系主犯。被告人刘

一、婚姻制度篇

某某起次要作用，系从犯，到案后如实供述犯罪事实，真诚悔罪，认罪认罚；而且，对于陈某某实施的热水浇淋致童某某全身烧烫伤损伤程度达重伤二级（残疾等级为七级）的行为，刘某某并未直接参与。综合考量二被告人的动机、手段、情节、后果、社会危害性，以及主观恶性和人身危险性，法院依法作出如上判决。

相关法条

《中华人民共和国刑法》第 234 条、第 260 条

2. 王某某与李某某离婚纠纷案[①]

——已办理结婚登记但共同生活时间较短，离婚时应当根据共同生活时间、孕育子女等事实对数额过高的彩礼酌情返还

【基本案情】

2020 年 9 月，王某某与李某某（女）登记结婚。王某某家在当地属于低收入家庭。为与对方顺利结婚，王某某给付李某某彩礼 18.8 万元。李某某于 2021 年 4 月终止妊娠。因双方家庭矛盾加深，王某某于 2022 年 2 月起诉离婚，并请求李某某返还彩礼 18.8 万元。

【裁判结果】

审理法院认为，双方当事人由于婚前缺乏了解，婚后亦未建立起深厚感情，婚姻已无存续可能，准予离婚。结合当地经济生活水平及王某某家庭经济情况，王某某所给付的彩礼款 18.8 万元属于数额过高，事实上造成较重的家庭负担。综合考虑双方共同生活时间较短，女方曾有终止妊娠等事实，为妥善平衡双方当事人利益，

[①] 参见《人民法院涉彩礼纠纷典型案例》，载最高人民法院官网，https://www.court.gov.cn/zixun/xiangqing/419922.html，2025 年 4 月 22 日访问，案例标题有微调。

031

化解矛盾纠纷，酌定李某某返还彩礼款 56400 元。

【典型意义】

彩礼是以缔结婚姻为目的依据习俗给付的财物。作为我国婚嫁领域的传统习俗，彩礼是男女双方及家庭之间表达感情的一种方式，也蕴含着对婚姻的期盼与祝福。然而，超出负担能力给付的高额彩礼却背离了爱情的初衷和婚姻的本质，使婚姻演变成物质交换，不仅对彩礼给付方造成经济压力，影响婚姻家庭的和谐稳定，也不利于弘扬社会文明新风尚。2021 年以来，"中央一号文件"连续三年提出治理高额彩礼问题。遏制高额彩礼陋习、培育文明乡风成为全社会的共同期盼。基于彩礼给付的特定目的，一般情况下，双方已办理结婚登记手续并共同生活，离婚时一方请求返还按照习俗给付的彩礼的，人民法院不予支持。但是，也要看到，给付彩礼的目的除了办理结婚登记这一法定形式要件外，更重要的是双方长期共同生活。因此，共同生活时间长短应当作为确定彩礼是否返还以及返还比例的重要考量因素。本案中，双方共同生活仅一年多时间，给付彩礼的目的尚未全部实现，给付方不存在明显过错，相对于其家庭收入来讲，彩礼数额过高，给付彩礼已造成较重的家庭负担，同时，考虑到终止妊娠对女方身体健康亦造成一定程度的损害等事实，判决酌情返还部分彩礼，能够较好地平衡双方当事人间的利益，引导树立正确的婚恋观，倡导形成文明节俭的婚礼习俗，让婚姻始于爱，让彩礼归于"礼"。

3. 赵某诉孙某离婚纠纷案[①]
——短期内多次"闪婚"并收取高额彩礼，可以认定以彩礼为名借婚姻索取财物

【基本案情】

2020年10月，赵某（男）与孙某经人介绍相识，同月双方登记结婚。赵某向孙某给付彩礼8.6万元，婚后未生育子女。2021年6月，赵某提起本案诉讼，主张孙某将婚姻作为获取财物的手段，请求判决双方离婚，由孙某返还全部彩礼，主要理由是：婚后孙某主要在娘家居住，双方共同生活时间不超过一个月，期间因孙某一直主张身体不适无夫妻之实，双方还经常因孙某索要财物一事发生矛盾，2021年3月再次为此事争吵后，孙某回娘家不再与其联系。

经法院查明，近4年内，孙某另外还有两段婚姻，均是与男方认识较短时间后便登记结婚，分别接收彩礼8万元、18万元。在两段婚姻所涉离婚诉讼中，男方均提到双方婚后不久即因钱财问题发生矛盾，之后孙某就回娘家居住，没有夫妻生活。

【裁判结果】

审理法院认为，根据已查明的事实及当事人陈述，孙某在四年内就已涉及三起离婚纠纷，结婚仓促，婚姻关系维系时间短，且男方均表示，孙某收取了较高数额的彩礼，婚后双方只有夫妻之名，孙某在双方发生矛盾后即回娘家居住，没有继续与男方共同生活的意思表示。综合全部在案证据，可以认定孙某的行为属于以彩礼为名借婚姻索取财物。故判令解除婚姻关系，由孙某返还全部彩礼8.6万元。

[①] 参见《打击婚骗行为、规制闪婚服务 最高法发布第二批人民法院涉彩礼纠纷典型案例》，载最高人民法院官网，https://www.court.gov.cn/zixun/xiangqing/456091.html，2025年4月22日访问，案例标题有微调。

【典型意义】

根据涉彩礼纠纷司法解释第二条规定，一方以彩礼为名借婚姻索取财物，另一方请求返还的，人民法院应予支持。给付彩礼的目的除了办理结婚登记这一法定形式要件外，更重要的是双方形成长期、稳定的共同生活状态。本案中，虽然孙某已与赵某办理结婚登记，但婚姻关系存续时间较短，且孙某主要在娘家居住，双方未能形成长期、稳定的共同生活状态。同时，结合双方经常因孙某索要钱财发生争吵以及孙某之前所涉两次离婚纠纷的具体情况，人民法院认定其有通过婚姻索取财物的行为，判令其全额返还彩礼，再次明确禁止借婚姻索取财物的司法态度，维护正常的婚恋秩序。

4. 王某诉李某婚约财产纠纷案[①]
——一方基于索取财物目的与另一方建立恋爱关系、作出结婚承诺，可以认定为借婚姻索取财物

【基本案情】

2023年6月，王某（男）与李某通过微信相亲群相识。同月下旬，李某向王某表达交往意愿，并提出在共同生活和办理结婚登记之前王某要给其25万元，王某表示同意，双方遂建立恋爱关系。自2023年6月至2024年2月，李某多次以支付房屋租金、买首饰及其他生活消费为由，向王某索取12万余元。期间，双方一直异地生活，主要通过微信联络，李某主动与王某联系几乎均以索要钱款为目的，其余时间则以工作忙碌等为由拒接、忽视王某的电话，且其从未回赠过王某财物。因自2024年2月起李某拒接王某电话，

[①] 参见《打击婚骗行为、规制闪婚服务 最高法发布第二批人民法院涉彩礼纠纷典型案例》，载最高人民法院官网，https://www.court.gov.cn/zixun/xiangqing/456091.html，2025年4月22日访问，案例标题有微调。

对王某的领证提议采取推脱、逃避的态度,并多次表示"给够钱才领证",双方产生隔阂,王某提起本案诉讼,请求李某返还所得钱款12万余元。李某抗辩称,王某在恋爱中自愿赠与的财物不应返还。

【裁判结果】

审理法院认为,恋爱中的赠与是指男女双方为增进感情,主动、自愿赠与对方财物以表心意,且通常为互相赠与,若日后双方未结婚,赠与的财物一般无须返还。借婚姻索取财物则是一方为取得财物而与另一方建立恋爱关系、作出结婚承诺,给付一方通常是被迫而非自愿赠与财物。本案中,结合双方交往真实意图、给付财物态度、相处模式及感情状况等事实可以看出,李某对双方的感情持漠然态度,其与王某建立恋爱关系是为了利用王某对结婚的期待索要财物从而满足物质需求,李某的行为构成借婚姻索取财物。李某应将王某给付的钱款全部返还。故判令李某返还全部12万余元。

【典型意义】

本案中,李某在此段关系中名为恋爱、实为索财,其仅在有物质需要时才与王某联系。同时,李某虽表示可以结婚,但明确表示"给够钱才领证",索取财物意图明显。尽管李某索要的单笔款项价值不大,但不能将王某的赠与行为视为正常恋爱中的赠与,而是认定李某借婚姻索取财物,按照涉彩礼纠纷司法解释第二条规定,李某应全部返还。

5. 林某诉某婚介公司服务合同纠纷案[①]
——婚介机构以保证"闪婚"为名收取高额服务费，应结合合同履行情况返还部分费用

【基本案情】

某婚介公司的广告宣传中有提供"闪婚"服务等内容。2024年1月15日，该婚介公司向林某（男）发送了赵某的个人信息。2024年1月18日，林某与该婚介公司签订《（男方）婚姻介绍服务合同》后支付服务费17万元。2024年1月19日，林某与赵某登记结婚。后双方因发生矛盾，于2024年2月29日经法院调解离婚，赵某退还了彩礼。期间，双方未共同居住。林某遂提起本案诉讼，主张因服务合同目的无法实现，请求由婚介机构返还全部服务费17万元。

【裁判结果】

审理法院认为，婚介机构作为特殊的服务行业机构，应当秉承诚实信用的服务理念为委托人提供服务，严格遵守行业规范，妥善履行合同义务。本案中，婚介机构在提供婚介服务过程中没有充分评估双方感情基础，未能妥当履行合同义务，反而以提供"闪婚"服务为名借机收取高额服务费。但考虑到婚介机构提供婚姻信息、陪同必然产生一定费用，林某对赵某缺乏了解就匆匆结婚，自身也存在过错，酌情考虑扣除2万元劳务费等合理费用，判令婚介机构返还服务费15万元。

【典型意义】

现实生活中，婚介机构为未婚男女牵线搭桥，成就美好姻缘，

[①] 参见《打击婚骗行为、规制闪婚服务 最高法发布第二批人民法院涉彩礼纠纷典型案例》，载最高人民法院官网，https://www.court.gov.cn/zixun/xiangqing/456091.html，2025年4月22日访问，案例标题有微调。

本是好事，适当收取服务费亦不违反法律规定。但如利用未婚男女急于寻找佳偶的心理，以提供"闪婚"的中介服务为名收取高额服务费，则该行为违反了婚介服务的应有之义，与社会主义核心价值观相悖。"闪婚"当事人因婚前缺乏深入了解，感情基础不牢，容易"闪离"。在此情况下，当事人主张高额服务费应予返还的，人民法院可以结合婚介机构履行合同情况、当事人离婚原因等因素，认定具体返还金额。

6. 吴某诉刘某婚约财产纠纷案[1]
——因彩礼给付方隐瞒自身重大疾病导致未办理结婚登记的，应考虑其过错情况对彩礼返还数额予以酌减

【基本案情】

2023年8月，吴某（男）与刘某举行订婚仪式，给付彩礼22.8万元。后因刘某发现吴某隐瞒患有重大疾病导致不能生育的情况，未再办理结婚登记。双方没有共同生活过。吴某遂提起本案诉讼，请求刘某返还全部彩礼22.8万元。

【裁判结果】

审理法院认为，双方未办理结婚登记且未共同生活，符合法律规定的返还全部彩礼的法定情形，但因吴某向刘某隐瞒了自身存在重大疾病导致不能生育的情况，其对未办理结婚登记这一结果存在过错，应对返还彩礼数额予以酌减。经法院调解，刘某酌情向吴某返还彩礼20万元，吴某撤回起诉。

---

[1] 参见《打击婚骗行为、规制闪婚服务 最高法发布第二批人民法院涉彩礼纠纷典型案例》，载最高人民法院官网，https://www.court.gov.cn/zixun/xiangqing/456091.html，2025年4月22日访问，案例标题有微改。

【典型意义】

双方未办理结婚登记且未共同生活时，彩礼给付方要求返还全部彩礼的，人民法院一般应予支持。但本案中，双方未办理结婚登记系因吴某向刘某隐瞒其身患重大疾病导致，吴某存在过错，在处理相关纠纷时应对该情形予以考虑。经人民法院调解，对刘某返还彩礼数额予以适当酌减，体现了对双方当事人利益的平等保护。

7. 陈某某故意杀人案[①]
——家庭暴力犯罪中，饮酒等自陷行为导致限制刑事责任能力的，应依法惩处

【基本案情】

陈某某（男）和胡某某（女）系夫妻关系，陈某某因饮酒致酒精依赖，长期酒后辱骂、殴打胡某某。2019年5月5日，胡某某因害怕陈某某伤害自己而到娘家暂住，直至5月8日回到其与陈某某二人居住的家中。次日凌晨，因经济压力及琐事，陈某某在家中二楼卧室与胡某某发生争吵，并在争执中坐在胡某某身上，用双手掐胡某某颈部，又将胡某某后脑往地上砸，致其机械性窒息当场死亡。陈某某案后自杀未果。经鉴定，陈某某具有限定刑事责任能力。

【裁判结果】

法院生效裁判认为，陈某某非法剥夺他人生命，致人死亡，其行为已构成故意杀人罪。陈某某案发时具有限定刑事责任能力，但该精神障碍系非病理性的原因自由行为饮酒所致，且陈某某存在长期酒后家暴行为，本案亦是由陈某某单方过错引发，不宜认定为

[①] 参见《中国反家暴十大典型案例（2023年）》，载最高人民法院官网，https：//www.court.gov.cn/zixun/xiangqing/403572.html，2025年4月16日访问。

"家庭矛盾引发"而予从轻处罚。因陈某某能够如实供述自己罪行，可予从轻处罚。综上，对陈某某判处死刑，缓期二年执行，剥夺政治权利终身。

【典型意义】

1. 家庭暴力不是家庭纠纷，不属于从轻处罚情形。家庭暴力与家庭纠纷有着本质的区别。纠纷婚恋双方、家庭成员之间的纠纷或矛盾通常具有偶发性、程度轻的特点，由此引发的案件与该矛盾具有直接的关联，被害人对矛盾的激化往往也有一定的责任。但家庭暴力双方地位和权力结构并不平等，施暴人基于控制目的实施的暴力行为，呈现隐蔽性、长期性、周期性、渐进性的特点，施暴人对案件具有单方面的过错。将家庭暴力与家庭纠纷区分开来，从而不对该类刑事案件以"家庭矛盾引发"而从轻处罚，能够对家庭暴力的施暴人起到警示作用，从而有效预防和遏制家庭暴力的现象。

2. 证人证言可构成认定家暴的主要证据，且不认定为初犯。法院在无行政处罚或刑事处罚记录、伤势鉴定等客观证据的情况下，以包括陈某某兄弟、子女在内的多名证人证言形成的证据链条，认定陈某某对被害人的迫害在结婚多年中持续存在，并以该既往严重家暴史否定其初犯评价，并予以从重处罚。

3. 酗酒、吸毒所致精神病变不必然减轻其刑事责任。对吸毒、醉酒等自陷型行为应采用"原因自由行为理论"予以评定。主动摄入行为是加害人的一种生理性依赖，施暴人明知自己极易酒后失控施暴，仍将自身陷于醉酒后的行为失控或意识模糊情境中，就应对施暴行为负责，且绝大多数情况下，主动摄入酒精、毒品或其他物质后，加害人实施家庭暴力的手段和程度都会加大，给受害人带来更残忍的严重后果。陈某某虽因酒精依赖导致大脑皮质器质性损伤，被评定为限定刑事责任能力，但该损伤系其自主选择所致，法院仍根据其全案情节，对其判处严刑。

从国际标准来看，联合国《消除对妇女一切形式歧视公约》及其一般性建议和联合国大会相关决议要求，"法庭是否确保主动摄入酒精、毒品或其他物质的加害人对妇女实施暴力行为后不会被免除责任"，即加害人在主动摄入酒精、毒品等物质后对妇女实施暴力行为应承担刑事责任，本判决符合这一国际准则。

8. 姚某某故意杀人案[①]

——受暴妇女因不堪忍受家庭暴力而杀死施暴人的，可认定为故意杀人"情节较轻"

【基本案情】

被告人姚某某（女）和被害人方某某（男）系夫妻关系，二人婚后育有四个子女。方某某与姚某某结婚十余年来，在不顺意时即对姚某某拳打脚踢。2013年下半年，方某某开始有婚外情，在日常生活中变本加厉地对姚某某实施殴打。2014年8月16日中午，方某某在其务工的浙江省温州市某厂三楼员工宿舍内因琐事再次殴打姚某某，当晚还向姚某某提出离婚并要求姚某某独自承担两个子女的抚养费用。次日凌晨，姚某某在绝望无助、心生怨恨的情况下产生杀害方某某的想法。姚某某趁方某某熟睡之际，持宿舍内的螺纹钢管猛击其头部数下，又拿来菜刀砍切其颈部，致方某某当场死亡。作案后，姚某某拨打110报警并留在现场等待警察到来。

案发后，被害人方某某的父母表示谅解姚某某的行为并请求对姚某某从轻处罚。

【裁判结果】

法院生效裁判认为，姚某某因不堪忍受方某某的长期家庭暴力

[①] 参见《中国反家暴十大典型案例（2023年）》，载最高人民法院官网，https://www.court.gov.cn/zixun/xiangqing/403572.html，2025年4月16日访问。

而持械将其杀死,其行为已构成故意杀人罪。根据被告人的供述以及在案十位证人的证言,应当认定方某某在婚姻生活中对姚某某实施了长期的家庭暴力。被告人姚某某对被害人方某某实施的家庭暴力长期以来默默忍受,终因方某某逼迫其离婚并独自抚养两个未成年子女而产生反抗的念头,其杀人动机并非卑劣;姚某某在杀人的过程中虽然使用了两种凶器并加害在被害人的要害部位,并承认有泄愤、报复的心理,但结合家暴问题专家的意见,姚某某属于家庭暴力受暴妇女,其采取杀害被害人这种外人看似残忍的行为,实际上有其内在意识:是为了避免遭受更严重家暴的报复。姚某某作案后没有逃匿或隐瞒、毁灭罪证,而是主动打电话报警,归案后如实供述自己的犯罪事实,并带领侦查人员找到作案使用的菜刀,具有认罪、悔罪情节。综上,姚某某的作案手段并非特别残忍、犯罪情节并非特别恶劣,可以认定为故意杀人"情节较轻"。姚某某具有自首情节,被害人方某某的父母对姚某某表示谅解,鉴于姚某某尚有四个未成年子女需要抚养,因此对姚某某给予较大幅度的从轻处罚。综上,对被告人姚某某以故意杀人罪,判处有期徒刑五年。

【典型意义】

1.2015年3月2日,最高人民法院、最高人民检察院、公安部、司法部共同发布了我国第一个全面的反家庭暴力刑事司法指导性文件《关于依法办理家庭暴力犯罪案件的意见》(以下简称《反家暴意见》),在该意见第20条中,较为全面地规定了由家庭暴力引发的杀害、伤害施暴人案件的处罚。本案系首例适用两高两部《反家暴意见》将受暴妇女以暴制暴的情形认定为故意杀人"情节较轻"的案件。本案深入了解被告人姚某某作为受暴妇女的特殊心理和行为模式,全面把握姚某某在本案中的作案动机、犯罪手段以及量刑情节,明确认定姚某某属于故意杀人"情节较轻",对其作出有期徒刑五年的判决。

2. 本案系全国首例家暴问题专家证人意见被判决采纳的案件。本案在开庭时聘请具有法学和心理学专业知识的人员出庭向法庭提供专家意见。家庭暴力问题专家出庭接受各方质询，可以向法庭揭示家庭暴力问题的本质特征以及家庭暴力关系中施暴人和受暴人的互动模式，帮助法庭还原案件中涉及家庭暴力的事实真相，尤其是家庭暴力对受暴人心理和行为模式造成的影响，从而协助法庭准确认定案件的起因、过错责任以及家暴事实与犯罪行为之间的因果关系等与定罪量刑密切相关的重要事实，避免法官因缺乏关于家庭暴力关系中双方的互动模式给受暴人的心理和行为造成的影响等方面的专业知识可能导致错误裁判的风险。在庭审中，专家证人出庭接受了控、辩双方的质询并就家庭暴力的特征、表现形式、受暴人与施暴人在亲密关系中的互动模式以及受暴妇女、施暴人特殊的心理、行为模式等家庭暴力方面的专业知识向法庭做了客观、充分的解释。法庭根据被告人行为，结合专家证人在庭上提供的对受暴妇女的一般性规律意见，认定被告人姚某某在杀人的过程中虽然使用了两种凶器并加害在被害人的要害部位，但其采取上述手段杀害被害人更主要的还是为了防止被害人未死会对其施以更加严重的家庭暴力的主观动机。在涉家暴刑事案件审理中引入专家证人证言，对其他地方法院审理类似案件具有重要的借鉴意义。

从国际标准来看，联合国《消除对妇女一切形式歧视公约》及其一般性建议和联合国大会相关决议要求，"在案件审理过程中，应充分考虑性别因素并以受害人为中心。"本案专家证人证言中也描述了在长期遭受家庭暴力下对受害人的影响。根据世界卫生组织的研究表明，长期家暴可能给家暴受害人带来各种严重的身心影响，如个体在长期遭受无法逃脱的负面刺激或困境后，逐渐丧失对改变自身状况的信念和动力，产生无助和无能为力的心态称为习得性无助，这些影响在家庭暴力事件发生时，有可能会影响妇女对暴力程度、危险性和预期结果的认知，以及影响他们所采取的对策、行为的判断力。本判决符合这一国际准则。

9. 李某、杨某故意伤害案①
——管教子女并非实施家暴行为的理由，对子女实施家庭暴力当场造成死亡的应认定为故意伤害罪

【基本案情】

被告人李某离婚后，长期将女儿被害人桂某某（殁年10岁）寄养于其姨妈家中；2019年12月，李某将桂某某接回家中，与其同居男友被告人杨某共同生活。李某与杨某时常采用打骂手段"管教"桂某某。2020年2月6日中午，因发现桂某某偷玩手机，李某、杨某便让桂某某仅穿一条内裤在客厅和阳台罚跪至2月8日中午，并持续采取拳打脚踢、用皮带和跳绳抽打、向身上浇凉水等方式对桂某某进行体罚，期间仅让桂某某吃了一碗面条、一个馒头，在客厅地板上睡了约6个小时。2月8日14时许，桂某某出现身体无力、呼吸减弱等情况，李某、杨某施救并拨打120急救电话，医生到达现场，桂某某已无生命体征。经鉴定，桂某某系被他人用钝器多次击打全身多处部位造成大面积软组织损伤导致创伤性休克死亡。

【裁判结果】

法院生效裁判认为，李某、杨某故意伤害他人身体，致一人死亡，其行为已构成故意伤害罪。李某、杨某在共同故意伤害犯罪中均积极实施行为，均系主犯。判处李某死刑，缓期二年执行，剥夺政治权利终身；判处杨某无期徒刑，剥夺政治权利终身。

---

① 参见《中国反家暴十大典型案例（2023年）》，载最高人民法院官网，https://www.court.gov.cn/zixun/xiangqing/403572.html，2025年4月16日访问。

【典型意义】

1. 以管教为名，对未成年子女实施家庭暴力造成严重后果的，不予从轻处罚。李某与杨某作为10岁女童的母亲和负有共同监护义务的人，明知被害人尚在成长初期，生命健康容易受到伤害，本应对孩子悉心呵护教养，但却在严冬季节，让被害人只穿一条内裤，在寒冷的阳台及客厅，采取拳打脚踢、绳索抽打、水泼冻饿、剥夺休息等方式，对被害人实施48小时的持续折磨，造成被害人全身多部位大面积软组织损伤导致创伤性休克而死亡。综观全案，对孩子进行管教，只是案发的起因，不能达到目的时，单纯体罚很快变为暴虐地发泄。法院认为李某与杨某犯罪故意明显，犯罪手段残忍，后果极其严重，对其不予从轻处罚。判决昭示司法绝不容忍家庭暴力，彰显对人的生命健康尊严，特别是对未成年人的保护。

2. 连续实施家庭暴力当场造成被害人重伤或死亡的，以故意伤害罪定罪处罚。依据最高人民法院、最高人民检察院、公安部、司法部2015年印发的《关于依法办理家庭暴力犯罪案件的意见》第17条相关规定，虽然实施家庭暴力呈现出经常性、持续性、反复性的特点，但其主观上具有放任伤害结果出现的故意，且当场造成被害人死亡，应当以故意伤害罪定罪处罚。

10. 邱某某故意伤害案[1]

——制止正在进行的家庭暴力行为，符合刑法规定的认定为
正当防卫，不负刑事责任

【基本案情】

邱某某（女）和张某甲（男）案发时系夫妻关系，因感情不

---

[1] 参见《中国反家暴十大典型案例（2023年）》，载最高人民法院官网，https://www.court.gov.cn/zixun/xiangqing/403572.html，2025年4月16日访问。

和、长期遭受家庭暴力而处于分居状态。二人之子张某乙9岁，右耳先天畸形伴听力损害，经三次手术治疗，取自体肋软骨重建右耳廓，于2019年6月5日出院。同年7月2日晚，邱某某与张某甲多次为离婚问题发生争执纠缠。次日凌晨1时许，张某甲到邱某某和张某乙的住所再次进行滋扰，并对邱某某进行辱骂、殴打，后又将张某乙按在床上，跪压其双腿，用拳击打张某乙的臀部，致其哭喊挣扎。邱某某为防止张某乙术耳受损，徒手制止无果后，情急中拿起床头的水果刀向张某甲背部连刺三刀致其受伤。邱某某遂立即骑电动车将张某甲送医救治。经鉴定，张某甲损伤程度为重伤二级。检察机关以邱某某犯故意伤害罪提起公诉。

【裁判结果】

法院生效裁判认为，为了使本人或者他人的人身权利免受不法侵害，对正在进行的家庭暴力采取制止行为，只要符合刑法规定的条件，就应当依法认定为正当防卫，不负刑事责任。本案中，邱某某因婚姻纠纷在分居期间遭受其丈夫张某甲的纠缠滋扰直至凌晨时分，自己和孩子先后遭张某甲殴打。为防止张某乙手术不足一月的再造耳廓受损，邱某某在徒手制止张某甲暴力侵害未果的情形下，持水果刀扎刺张某甲的行为符合正当防卫的起因、时间、主观、对象等条件。同时根据防卫人所处的环境、面临的危险程度、采取的制止暴力的手段、施暴人正在实施家庭暴力的严重程度、造成施暴人重大损害的程度以及既往家庭暴力史等因素进行综合判断，应当认定邱某某的正当防卫行为未超过必要限度，不负刑事责任。依法宣告邱某某无罪。

【典型意义】

1. 对反抗家庭暴力的行为，准确适用正当防卫制度进行认定。家庭暴力是指家庭成员之间以殴打、捆绑、残害、限制人身自由以及经常性谩骂、恐吓等方式实施的身体、精神等侵害行为，受害人大多数是女性和未成年人，相对男性施暴人，其力量对比处于弱势。人民法院充分运用法律，准确把握正当防卫的起因、时间、主观、对象等条件，结合《最高人民法院 最高人民检察院 公安部 司法部关于依法办理家庭暴力犯罪案件的意见》的相关规定，对遭受家庭暴力的妇女和儿童予以充分保护和救济，对其在紧急情况下的私力救济行为，符合刑法规定的，准确认定为正当防卫。

2. 对反抗家庭暴力中事先准备工具的行为，进行正确评价。司法实践中对于事先准备工具的正当防卫行为的认定存在一定困难，在反家暴案件中应当考虑施暴行为的隐蔽性、经常性、渐进性的特点以及受害人面临的危险性和紧迫性，对此予以客观评价。邱某某长期遭受家庭暴力，从其牙齿缺损和伤痕照片可见一斑，事发前因婚姻矛盾反复遭到张某甲纠缠直至凌晨时分。在报警求助及向张某甲之母求助均无果后，无奈打开家门面对暴怒的张某甲，邱某某在用尽求助方法、孤立无援、心理恐惧、力量对比悬殊的情形下准备水果刀欲进行防卫，其事先有所防备，准备工具的行为具有正当性、合理性。

3. 应当以足以制止并使防卫人免受家庭暴力不法侵害的需要为标准，准确认定防卫行为是否过当。认定防卫行为是否"明显超过必要限度"，应当以足以制止并使防卫人免受家庭暴力不法侵害的需要为标准，根据防卫人所处的环境、面临的危险程度、采取的制止暴力的手段、施暴人正在实施家庭暴力的严重程度、造成施暴人重大损害的程度以及既往家庭暴力史等进行综合判断。

邱某某在自己遭到张某甲辱骂、扇耳光殴打后，虽然手中藏有刀具，但未立即持刀反抗，而顺势放下刀具藏于床头，反映邱某某此时仍保持隐忍和克制。张某甲将其子张某乙按在床上殴打时，具有造成张某乙取软骨的肋骨受伤、再造耳廓严重受损的明显危险。邱某某考虑到其子第三次手术出院不足一月，担心其术耳受损，在徒手制止无果后，情急之中持刀对张某甲进行扎刺，制止其对张某乙的伤害，避免严重损害后果的行为具有正当性。判断邱某某的防卫行为是否明显超过必要限度，应当充分体谅一个母亲为保护儿子免受伤害的急迫心情，还应当充分考虑张某乙身体的特殊状况和邱某某紧张焦虑状态下的正常应激反应，不能以事后冷静的旁观者的立场，过分苛求防卫人"手段对等"，要求防卫人在孤立无援、高度紧张的情形之下作出客观冷静、理智准确的反应，要设身处地对事发起因、不法侵害可能造成的后果、当时的客观情境等因素进行综合判断，适当作有利于防卫人的考量和认定。

从国际标准来看，联合国《消除对妇女一切形式歧视公约》及其一般性建议和联合国大会相关决议要求，"在案件审理过程中，应充分考虑性别因素并以受害人为中心"，在本案中，考虑到长期遭受家暴的受害人与施暴者之间形成的特殊互动模式，以及长期遭受家暴对受害人身心的特殊影响，受害人可能在认知和行为方面存在一些特殊状况。例如，受害人可能会误判施暴者的行为和后果，过度估计施暴者可能造成的伤害，并担心如果无法以一招取胜，将会遭受施暴者更加严重的伤害等。因此，在判定家暴受害者对施暴者采取的暴力行为是否过当时，需要考虑与平等非家暴关系主体之间的防卫程度认定存在不同之处。长期遭受家暴的经历以及其对受害人身心认知的影响应被纳入考量。因此，本判决符合国际准则的要求。

11. 谌某某违反人身安全保护令案[①]

——人身安全保护令的回访与督促执行

【基本案情】

罗某（女）与谌某某（男）系夫妻关系。2018年12月，罗某向法院起诉要求离婚，并在诉讼过程中，以此前谌某某经常酗酒发酒疯、威胁恐吓罗某及其家人、在罗某单位闹事为由向法院递交了人身安全保护令申请书，同时提交了谌某某此前书写的致歉书、微信记录等证据予以证实。法院审核后，于2018年12月18日作出了人身安全保护令裁定并送达给了本案被申请人谌某某。同时，法院向罗某所在街道社区及派出所送达了协助执行通知书及人身安全保护令裁定，要求如谌某某对罗某实施辱骂、殴打、威胁等精神上、身体上的侵害行为时，要立刻予以保护并及时通知法院。

2019年2月14日，法院按照内部机制对罗某进行电话回访，罗某向法院反映谌某某对其实施了精神上的侵害行为。后法官传唤双方当事人到庭并查明：在法院发出的人身安全保护令的有效期内，双方多次发生激烈争执。争执中，谌某某以拟公开罗某隐私相要挟。随后，双方又因琐事发生冲突，谌某某随即找到罗某单位两位主要领导，披露罗某此前在家中提及的涉隐私内容，导致罗某正常工作环境和社交基础被严重破坏，精神受损，基于羞愤心理意欲辞职。

【裁判结果】

法院认为，谌某某前往罗某单位宣扬涉隐私内容，上述事实的传播和评价，对于女方而言，是不愿意让他人知晓的信息。男方将女方的涉隐私信息予以公开，属于侵犯其隐私。

[①] 参见《中国反家暴十大典型案例（2023年）》，载最高人民法院官网，https://www.court.gov.cn/zixun/xiangqing/403572.html，2025年4月16日访问。

一、婚姻制度篇

　　家庭暴力的核心是控制，谌某某以揭露罗某隐私相要挟，意欲对其进行控制，属于《中华人民共和国反家庭暴力法》中对家庭暴力定义的"精神上的侵害"。最后谌某某将隐私公开，进一步造成了对罗某精神上的实际侵害。对此，2019年2月15日，法院作出了拘留决定书，对谌某某实施了拘留5日的惩罚措施。

　　【典型意义】

　　1. 该案系法院在人身安全保护令发出后回访过程中所发现。"人身安全保护令回访制度"系该院创举，一方面该制度有利于发现家庭暴力行为，在当事人因受到暴力和精神压迫而不敢请求保护或对家庭暴力知识缺失的时候，通过司法机关主动回访及时发现并制止可能存在的或已经存在的违反人身安全保护令的行为，既能够维护司法权威，也能更好地保障家庭关系中弱势群体的合法权益；另一方面回访制度能够体现司法机关执法的温度，让当事人真正能够感受到法律并非冰冷的文字而是实实在在保护自己的有效利器。

　　2. 该案中，在人身安全保护令发出后，人民法院一直以纠问式审判主导该案。谌某某无视人身安全保护令，公然违抗法院裁判文书的行为已经触碰司法底线，人民法院在此情况下主动积极作为，维护人身安全保护令的权威和实施，保护受害人的合法权益不受侵犯。

　　3. 在该案影响下，"宣扬隐私"亦构成家庭暴力的观点被写入地方立法，2019年7月1日起施行的《湖南省实施〈中华人民共和国反家庭暴力法〉办法》第二条明确，"本办法所称家庭暴力，是指家庭成员之间以殴打、捆绑……宣扬隐私、跟踪、骚扰等方式实施的身体、精神等侵害行为"。此外，"宣扬隐私"构成家庭暴力的观念在2023年修订的《中华人民共和国妇女权益保障法》第二十九条中也有体现。

　　从国际标准来看，联合国《消除对妇女一切形式歧视公约》及其一般性建议和联合国大会相关决议要求,"司法部门对针对妇女的暴力(包括家庭暴力)有足够的警觉,一致地把保障妇女的生命权和身心健康放在重要位置"(依据指标 3.1-《公约案件 5/2005》要求),在当事人因受到暴力和精神压迫而不敢请求保护或对家庭暴力知识缺失的时候,通过司法机关主动回访及时发现并制止可能存在的或已经存在的违反人身安全保护令的行为,法院通过再次回访确保家庭中弱势群体的安全,本案做法符合这些国际准则。

12. 冯某某申请曹某某人身安全保护令案[①]
——全流程在线审理人身安全保护令促进妇女权益保护

【基本案情】

冯某某(女)与曹某某(男)系夫妻关系。申请人冯某某于 2022 年 12 月 22 日起诉要求与被申请人曹某某离婚。在诉前调解过程中,曹某某于 2023 年 1 月 13 日深夜前往冯某某住处辱骂、恐吓冯某某及其近亲属,并使用随身携带的铁锤毁坏门锁,冯某某报警;后曹某某又于 1 月 16 日至冯某某母亲张某某住处辱骂、威胁,并扬言"要在大年初一、十五上门找麻烦",张某某亦报警。

因对人身安全及能否平安过年感到担忧,2023 年 1 月 19 日,冯某某向其代理律师咨询申请保护令事宜,代理律师表示如按传统方式线下调查取证、申请保护令、签发送达及协助执行至少需要 10 天时间,时值农历年底可能无法及时完成,但当地法院在 2022 年底上线的"法护家安"集成应用可在线申请保护令,或可尝试。冯某某遂通过其律师于当晚 21 时通过手机登录法院"法护家安"集成应用,在线申请了人身安全保护令。

[①] 参见《中国反家暴十大典型案例(2023 年)》,载最高人民法院官网,https://www.court.gov.cn/zixun/xiangqing/403572.html,2025 年 4 月 16 日访问。

一、婚姻制度篇

【裁判结果】

2023年1月20日，法院通过绿色通道立案受理。承办法官通过"法护家安"集成应用反家暴模块建立的反家暴数据库快速获取相关警情数据等证据材料，同时通过关联检索获知被申请人曹某某曾多次因暴力犯罪被追究刑事责任。根据上述证据，申请人面临家庭暴力现实危险的证据充分，且该起民事纠纷极有可能转化为恶性刑事案件，承办法官遂决定签发人身安全保护令，禁止曹某某对冯某某实施家暴并禁止其骚扰、跟踪、接触冯某某及张某某。在线送达双方当事人后，承办法官通过在线方式向区公安分局、区妇联等单位进行送达协助执行通知书，相关协助执行单位在线实时签收后，根据相关工作机制开展工作，协助督促被申请人遵守保护令、并对申请人进行回访、疏导、安抚。

【典型意义】

本案从当事人申请，到法院立案受理、证据调取、审查签发，再到各部门送达响应、协助执行，总用时不到24小时，全流程在线运行，充分落实了《中华人民共和国反家庭暴力法》第二十八条"情况紧急的，应当在二十四小时内作出"的规定。从国际标准来看，联合国《消除对妇女一切形式歧视公约》及其一般性建议和联合国大会相关决议要求，"各国确保在家庭暴力案件中，受害妇女有权申请和获得保护令，并确保这些保护令具有法律效力，并能得到有效执行"。

"法护家安"集成应用系由浙江省温州市龙湾区人民法院联合五家基层法院、区社会治理中心、区妇联，共同建设并于2022年12月29日成功上线。其中"反家暴人身保护模块"建立了政法委牵头，人民法院、人民检察院、公安机关、司法行政机关、社会治理中心、妇联、大数据管理机构等各部门共同参与、在线协同的反家暴工作机制，相比传统模式下，"法护家安"集成应用反家暴人身保护模块突破了当事人提交申请的时空限制,解决了当事人取证来回跑的难题,打通了各部门的数据共享通道,实现了家庭暴力事件的数据归集与分析预警,极大缩短了各流程的操作时间,加强了与公安、妇联等部门的多跨协同,具有"法护家安"反家暴人身保护模块"申请的便利性、信息的共享性、取证的快捷性、签发的准确性、响应的及时性、保护的充分性"六大优势,对被申请人及时起到了震慑作用,将司法触角延伸至家庭暴力的萌芽之初,对全时空保障妇女权益、促进和谐家风建设具有重要意义。

从国际标准来看,"法护家安"反家暴人身保护令模块的设置符合联合国大会第65届会议(A/65/457/65/228)就针对妇女的暴力行为加强犯罪预防和形式司法应对的决议,诠释了"针对妇女的暴力(包括家庭暴力)的受害人可以获得公安部门、检察机关、及法院设立专门的司法服务"这一标准。

13. 叶某申请人身安全保护令案[①]

——同居结束后受暴妇女仍可申请人身安全保护令

【基本案情】

叶某(女)与黄某(男)是同居关系,双方于2021年生育女儿。后双方分手,女儿随叶某共同生活。叶某向法院起诉黄某同居关系子女抚养纠纷。2022年3月9日晚上,黄某去到叶某弟弟家中,并使用叶某弟弟的电话向叶某及其父母实施威胁,称:"如不交回孩子,将采取极端手段。"叶某及其家属立即于次日向所在辖区公安机关报警,同日晚上黄某通过网购平台购买了具有攻击性和伤害性的辣椒水用品,向法院解释是为了自己防身。叶某认为,结

[①] 参见《中国反家暴十大典型案例(2023年)》,载最高人民法院官网,https://www.court.gov.cn/zixun/xiangqing/403572.html,2025年4月16日访问。

合黄某平时暴躁、极端的性格，其有可能作出恐怖、极端的行为，并已危及自己及家属的安全及生命，故于2022年4月向法院申请人身安全保护令，请求法院裁定禁止黄某骚扰、跟踪、威胁、殴打叶某及女儿。

【裁判结果】

法院经审查认为，黄某辩解因申请人藏匿女儿，导致其无法与女儿见面，心里很生气，于是想买瓶辣椒水。可见，黄某购买辣椒水并非用于防身，而是意图报复叶某。叶某提交的辣椒水购买记录、住所楼道监控录像等证据及黄某自认的事实，足以证实黄某及其亲属因女儿抚养权及探望争议对叶某进行骚扰、威胁，使叶某面临家庭暴力的现实危险，叶某的申请符合《中华人民共和国反家庭暴力法》第二十七条规定的发出人身安全保护令的条件。叶某与黄某如因女儿的抚养权及探望问题发生矛盾，应通过合法途径解决。最终，法院依照《中华人民共和国反家庭暴力法》之相关规定，作出人身安全保护令，裁定禁止黄某骚扰、跟踪、威胁、殴打叶某及其女儿。

【典型意义】

1. 同居男女朋友分手后女方遭受威胁、恐吓等暴力侵害的，可向法院申请人身安全保护令。

《中华人民共和国反家庭暴力法》第三十七条规定，家庭成员以外共同生活的人之间实施的暴力行为，参照本法规定执行。意味着监护、寄养、同居、离异等关系的人员之间发生的暴力也纳入法律约束。本案中，叶某与前男友黄某之间并非家庭成员关系，叶某的权益受侵害时，已结束了同居生活，但同居的结束，不代表同居关系的结束，还有共同财产、子女等一系列问题需要解决，如机械地要求受害者必须与侵害人同住一所才能获得保护，与反家暴法的立法初衷相违背，也不符合常理。

反家庭暴力法的本质，是通过司法干预来禁止家庭成员、准家庭成员间，基于控制及特殊身份关系而产生的各种暴力。该法规定了非婚姻的准家庭成员关系也受其调整，那么在离婚妇女受暴后能获得司法干预的同时，同居结束后受暴妇女亦应同样能够获得保护。因此，同居男女朋友结束同居生活后若存在家庭暴力情形的，也应作为人身安全保护令的申请主体。

从国际标准来看，符合联合国《消除对妇女一切形式歧视公约》及其一般性建议和联合国大会相关决议要求，体现了国际标准中国家针对妇女的暴力的无差别保护和司法救济，不因是否具有婚姻关系，是否尚处于同居关系等加以划分和有所限制。

2. 被申请人未实施实质性人身伤害行为，申请人仅提供了被申请人购买辣椒水的淘宝订单记录，是否符合发出人身安全保护令的条件。

家庭暴力具有隐密性和突发性，对于家庭暴力行为发生可能性的证明，难度相对较高，为防止侵害行为的发生，应适当降低证明标准，即只要申请人能够提供初步证据证明存在家暴发生的现实危险即可，对于侵害可能性的标准应当从宽。《最高人民法院关于办理人身安全保护令案件适用法律若干问题的规定》第六条明确了人身安全保护令案件中，人民法院根据相关证据，作出人身安全保护令的证明标准是"申请人遭受家庭暴力或者面临家庭暴力现实危险的事实存在较大可能性"，而非民事诉讼的"高度盖然性"，降低了证明标准，从而减轻了当事人的举证负担。本案中，即使黄某尚未对叶某产生实质性伤害，但结合本案监控录像等证据及黄某自认"因原告藏匿女儿很生气，后购买了辣椒水"的事实，叶某遭受家庭暴力或者面临家庭暴力现实危险的事实存在较大可能性，因此，法院应当立即发出人身安全保护令，这对于预防及制止家庭暴力、保护家庭成员，具有重要意义，也符合反家庭暴力工作应遵循预防

一、婚姻制度篇

为主的基本原则。

3. 申请人提交的住所楼道监控录像及被申请人的淘宝购买订单可作为证实家暴的证据。

在对家暴行为的认定中，证据形式更加多样化，除了报警记录、病历、处罚决定书等，当事人陈述、短信、微信记录、录音、视频、村居委和妇联等单位机构的救助记录等均可纳入证据范围。《最高人民法院关于办理人身安全保护令案件适用法律若干问题的规定》第六条第二款第五项规定的"记录家庭暴力发生或者解决过程等的视听资料"、第十一项规定的"其他能够证明申请人遭受家庭暴力或者面临家庭暴力现实危险的证据"，均可以作为证明存在家庭暴力的证据。

14. 蔡某某申请人身安全保护令案①
——未成年子女被暴力抢夺、藏匿或者目睹父母一方对另一方实施家庭暴力的，可以申请人身安全保护令

关键词

未成年人　暴力抢夺　目击者　未共同生活

基本案情

2022年3月，蔡某与唐某某（女）离婚纠纷案一审判决婚生子蔡某某由唐某某抚养，蔡某不服提起上诉，并在上诉期内将蔡某某带走。后该案二审维持一审判决，但蔡某仍拒不履行，经多次强制执行未果。2023年4月，经法院、心理咨询师等多方共同努力，蔡某将蔡某某交给唐某某。蔡某某因与母亲分开多日极度缺乏安全

---

① 参见《切勿以爱之名对未成年人实施家庭暴力 最高法发布人民法院反家庭暴力典型案例（第二批）》，载最高人民法院官网，https://www.court.gov.cn/zixun/xiangqing/418612.html，2025年4月22日访问。

055

感，自 2023 年 5 月起接受心理治疗。2023 年 5 月，蔡某到唐某某处要求带走蔡某某，唐某某未予准许，为此双方发生争执。蔡某不顾蔡某某的哭喊劝阻，殴打唐某某并造成蔡某某面部受伤。蔡某某因此次抢夺事件身心受到极大伤害，情绪不稳，害怕上学、出门，害怕被蔡某抢走。为保护蔡某某人身安全不受威胁，唐某某代蔡某某向人民法院申请人身安全保护令。

裁判理由及结果

人民法院经审查认为，国家禁止任何形式的家庭暴力。家庭暴力，是指家庭成员之间以殴打、捆绑、残害、限制人身自由以及经常性谩骂、恐吓等方式实施的身体、精神等侵害行为。当事人因遭受家庭暴力或者面临家庭暴力的现实危险，向人民法院申请人身安全保护令，人民法院应当受理。蔡某某在父母离婚后，经法院依法判决，由母亲唐某某直接抚养。蔡某在探望时采用暴力方式抢夺蔡某某，并当着蔡某某的面殴打其母亲唐某某，对蔡某某的身体和精神造成了侵害，属于家庭暴力。故依法裁定：一、禁止被申请人蔡某以电话、短信、即时通讯工具、电子邮件等方式侮辱、诽谤、威胁申请人蔡某某及其相关近亲属；二、禁止被申请人蔡某在申请人蔡某某及其相关近亲属的住所、学校、工作单位等经常出入场所的一定范围内从事可能影响申请人蔡某某及其相关近亲属正常生活、学习、工作的活动。

典型意义

抢夺、藏匿未成年子女行为不仅侵害了父母另一方对子女依法享有的抚养、教育、保护的权利，而且严重损害未成年子女身心健康，应当坚决预防和制止。未成年人保护法第二十四条明确规定，不得以抢夺、藏匿未成年子女等方式争夺抚养权。本案中，孩子先是被暴力抢夺、藏匿长期无法与母亲相见，后又目睹父亲不顾劝阻暴力殴打母亲，自己也因此连带受伤，产生严重心理创伤。尽管父

一、婚姻制度篇

亲的暴力殴打对象并不是孩子，抢夺行为亦与典型的身体、精神侵害存在差别。但考虑到孩子作为目击者，其所遭受的身体、精神侵害与父亲的家庭暴力行为直接相关，应当认定其为家庭暴力行为的受害人。人民法院在充分听取专业人员分析意见基础上，认定被申请人的暴力抢夺行为对申请人产生了身体及精神侵害，依法签发人身安全保护令，并安排心理辅导师对申请人进行长期心理疏导，对审理类似案件具有借鉴意义。

15. 唐某某申请人身安全保护令案①
——全社会应形成合力，共同救护被家暴的未成年人

关键词
未成年人　代为申请　心理辅导　矫治

基本案情
2023年8月，唐某某（4岁）母亲马某对唐某某实施家庭暴力，住所所在地A市妇联联合当地有关部门进行联合家访，公安部门对马某出具家庭暴力告诫书。2023年9月，马某全家从A市搬至B市居住。同月底，唐某某所在幼儿园老师在检查时发现唐某某身上有新伤并报警，当地派出所出警并对马某进行口头训诫。2023年10月初，B市妇联代唐某某向人民法院递交人身安全保护令申请书。

裁判理由及结果
人民法院经审查认为，被申请人马某对申请人唐某某曾有冻饿、殴打的暴力行为，唐某某确实遭受家庭暴力，故其申请符合

---

① 参见《切勿以爱之名对未成年人实施家庭暴力 最高法发布人民法院反家庭暴力典型案例（第二批）》，载最高人民法院官网，https://www.court.gov.cn/zixun/xiangqing/418612.html，2025年4月22日访问。

057

《中华人民共和国反家庭暴力法》关于作出人身安全保护令的条件，应予支持。裁定：一、禁止被申请人马某对申请人唐某某实施殴打、威胁、辱骂、冻饿等家庭暴力；二、责令被申请人马某接受法治教育和心理辅导矫治。

典型意义

预防和制止未成年人遭受家庭暴力是全社会共同责任。未成年人因缺乏法律知识和自保能力，面对家暴时尤为需要社会的帮扶救助。本案中，有关部门在发现相关情况后第一时间上门摸排调查；妇联代为申请人身安全保护令；幼儿园及时履行强制报告义务；公安机关依法对父母予以训诫；人民法院依法发出人身安全保护令，并联系有关部门协助履行职责，多部门联合发力共同为受家暴未成年人撑起法律保护伞。通过引入社会工作和心理疏导机制，对施暴人进行法治教育和心理辅导矫治，矫正施暴人的认识行为偏差，从根源上减少发生家暴的可能性。

16. 彭某某申请人身安全保护令案[1]
——学校发现未成年人遭受或疑似遭受家庭暴力的，应履行强制报告义务

关键词

未成年人　学校　强制报告　家庭教育指导

基本案情

申请人彭某某（女）13岁，在父母离异后随父亲彭某和奶奶共同生活，因长期受父亲打骂、罚站、罚跪，女孩呈现焦虑抑郁状

---

[1] 参见《切勿以爱之名对未成年人实施家庭暴力 最高法发布人民法院反家庭暴力典型案例（第二批）》，载最高人民法院官网，https://www.court.gov.cn/zixun/xiangqing/418612.html，2025年4月22日访问。

态，并伴有自残自伤风险。2021年4月某日晚，彭某某因再次与父亲发生冲突被赶出家门。彭某某向学校老师求助，学校老师向所在社区派出所报案、联系社区妇联。社区妇联将情况上报至区家庭暴力防护中心，区家庭暴力防护中心社工、社区妇联工作人员以及学校老师陪同彭某某在派出所做了笔录。经派出所核查，彭某确有多次罚站、罚跪以及用衣架打彭某某的家暴行为，并对彭某某手臂伤痕进行伤情鉴定，构成轻微伤，公安机关于2021年4月向彭某出具《反家庭暴力告诫书》，告诫严禁再次实施家庭暴力行为。后彭某某被安置在社区临时救助站。彭某某母亲代其向人民法院提交人身安全保护令申请。

裁判理由及结果

人民法院经审查认为，经向派出所调取证据，可以证明彭某有多次体罚彭某某的行为，抽打彭某某手臂经鉴定已构成轻微伤，且彭某某呈现焦虑抑郁状态，有自伤行为和自杀意念，彭某的行为已构成家庭暴力，应暂时阻断其对彭某某的接触和监护。人民法院在立案当天即作出人身安全保护令，裁定：一、禁止被申请人彭某殴打、恐吓、威胁申请人彭某某；二、禁止被申请人彭某骚扰、跟踪申请人彭某某；三、禁止被申请人彭某与申请人彭某某进行不受欢迎的接触；四、禁止被申请人彭某在申请人彭某某的住所、所读学校以及彭某某经常出入的场所内活动。

典型意义

学校不仅是未成年人获取知识的场所，也是庇护学生免受家暴的港湾。根据未成年人保护法规定，作为密切接触未成年人的单位，学校及其工作人员发现未成年人遭受家庭暴力的，应当依法履行强制报告义务，及时向公安、民政、教育等部门报告有关情况。本案中，学校积极履行法定义务，在接到未成年人求助后立即向所在社区派出所报案、联系社区妇联，积极配合开展工作，处置及时、反应高效，为防止未成年人继续遭受家庭暴力提供坚实后盾。人民法院受理人身安全保护令申请后，第一时间向派出所、社区组织、学校老师了解情况，当天即作出人身安全保护令裁定。同时，人民法院还通过心理辅导、家庭教育指导等方式纠正彭某在教养子女方面的错误认知，彭某认真反省后向人民法院提交了书面说明，深刻检讨了自己与女儿相处过程中的错误做法，并提出后续改善措施保证不再重蹈覆辙。

17. 韩某某、张某申请人身安全保护令案[1]
——直接抚养人对未成年子女实施家庭暴力，
人民法院可暂时变更直接抚养人

关键词
未成年人　直接抚养人　暂时变更

基本案情
申请人韩某某在父母离婚后跟随父亲韩某生活。韩某在直接抚养期间，以韩某某违反品德等为由采取木棍击打其手部、臀部、罚跪等方式多次进行体罚，造成韩某某身体出现多处软组织挫伤。韩某还存在因韩某某无法完成其布置的国学作业而不准许韩某某前往学校上课的行为。2022年9月，某派出所向韩某出具《家庭暴力告诫书》。2022年11月，因韩某实施家暴行为，公安机关依法将韩某某交由其母亲张某临时照料。2022年12月，原告张某将被告韩某诉至人民法院，请求变更抚养关系。为保障韩某某人身安全，韩某某、张某于2022年12月向人民法院申请人身安全保护令。

---

[1] 参见《切勿以爱之名对未成年人实施家庭暴力 最高法发布人民法院反家庭暴力典型案例（第二批）》，载最高人民法院官网，https://www.court.gov.cn/zixun/xiangqing/418612.html，2025年4月22日访问。

裁判理由及结果

人民法院经审查认为,父母要学会运用恰当的教育方式开展子女教育,而非采取对未成年人进行体罚等简单粗暴的错误教育方式。人民法院在处理涉未成年人案件中,应当遵循最有利于未成年人原则,充分考虑未成年人身心健康发展的规律和特点,尊重其人格尊严,给予未成年人特殊、优先保护。韩某作为韩某某的直接抚养人,在抚养期间存在严重侵犯未成年人身心健康、不利于未成年人健康成长的行为,故依法裁定:一、中止被申请人韩某对申请人韩某某的直接抚养;申请人韩某某暂由申请人张某直接抚养;二、禁止被申请人韩某暴力伤害、威胁申请人韩某某;三、禁止被申请人韩某跟踪、骚扰、接触申请人韩某某。

典型意义

一般人身安全保护令案件中,申请人的请求多为禁止实施家暴行为。但对被单亲抚养的未成年人而言,其在学习、生活上对直接抚养人具有高度依赖性,一旦直接抚养人实施家暴,未成年人可能迫于压力不愿也不敢向有关部门寻求帮助。即使人民法院作出人身安全保护令,受限于未成年人与直接抚养人共同生活的紧密关系,法律实施效果也会打折扣。本案中,考虑到未成年人的生活环境,人民法院在裁定禁止实施家庭暴力措施的基础上,特别增加了一项措施,即暂时变更直接抚养人,将未成年人与原直接抚养人进行空间隔离。这不仅可以使人身安全保护令发挥应有功效,也能保障未成年人的基本生活,更有利于未成年人的健康成长。

18. 吴某某申请人身安全保护令案[①]

——父母应当尊重未成年子女受教育的权利，父母行为侵害合法权益的，未成年子女可申请人身安全保护令

关键词

未成年人　受教育权　精神暴力

基本案情

申请人吴某某（女）16 岁，在父母离婚后随其父亲吴某生活，于 2022 年第一次高考考取了一本非 985 高校。吴某安排吴某某复读，要求必须考取 985 高校，并自 2022 年暑期开始居家教授吴某某知识。开学后，吴某一直不让吴某某到学校上课。2022 年下半年，吴某某奶奶发现吴某将吴某某头发剪乱，不让其吃饱饭，冬天让其洗冷水澡，不能与外界交流（包括奶奶），并威胁其不听话就不给户口簿、不协助高考报名。因反复沟通无果，吴某某奶奶向当地妇联寻求帮助。妇联联合人民法院、公安、社区、教育局立即开展工作，赶赴现场调查取证。吴某某向人民法院申请人身安全保护令。

裁判理由及结果

人民法院经审查认为，申请人吴某某有遭受家庭暴力或者面临家庭暴力现实危险，其申请符合人身安全保护令的法定条件。人民法院在收到申请后六小时内便作出人身安全保护令，裁定：一、禁止被申请人吴某对申请人吴某某实施家庭暴力；二、禁止被申请人吴某限制申请人吴某某人身自由、虐待申请人；三、禁止被申请人吴某剥夺申请人吴某某受教育的权利。

[①] 参见《切勿以爱之名对未成年人实施家庭暴力 最高法发布人民法院反家庭暴力典型案例（第二批）》，载最高人民法院官网，https://www.court.gov.cn/zixun/xiangqing/418612.html，2025 年 4 月 22 日访问。

典型意义

未成年子女是独立的个体，他们享有包括受教育权在内的基本民事权利。父母对未成年子女负有抚养、教育、保护义务。在处理涉及未成年人事项时，应当坚持最有利于未成年人的原则，尊重未成年人人格尊严、适应未成年人身心健康发展的规律和特点，尊重未成年人受教育的权利。父母应当在充分保障未成年子女身体、心理健康基础上，以恰当的方式教育子女。本案中，父亲虽系出于让孩子取得更好高考成绩的良好本意，但其采取的冻饿、断绝与外界交流等方式损害了未成年人的身体健康，违背了未成年人的成长规律，禁止出门上学更是损害了孩子的受教育权，名为"爱"实为"害"，必须在法律上对该行为作出否定性评价。

19. 被告人赵某梅故意杀人案[①]
——因不堪忍受长期严重家庭暴力而杀死施暴人，作案后自首、认罪认罚，依法从宽处罚

【基本案情】

被告人赵某梅与被害人刘某某（男，殁年39岁）结婚十余年，婚后育有两名子女，均未成年。近年来，刘某某经常酒后无故对赵某梅进行谩骂、殴打，致赵某梅常年浑身带伤并多次卧床不起，刘某某还以赵某梅家人生命相威胁不许赵某梅提出离婚。刘某某亦谩骂、殴打自己的父母、子女。2023年3月20日22时许，刘某某酒后回到家中，又无端用拳脚殴打赵某梅，并拽住赵某梅的头发将其头部撞在炕沿、柜角、暖气等处，致赵某梅面部肿胀、耳部流血，殴打持续近两个小时。后刘某某上床睡觉，并要求赵某梅为其按摩

[①] 参见《最高法与全国妇联联合发布反家庭暴力犯罪典型案例》，载最高人民法院官网，https://www.court.gov.cn/zixun/xiangqing/448541.html，2025年4月22日访问。

腿脚。赵某梅回想起自己常年遭受刘某某家暴，刘某某还殴打老人、子女，遂产生杀死刘某某之念。次日零时许，赵某梅趁刘某某熟睡，持家中一把尖刀捅刺刘某某胸部，未及将刀拔出，就跑到其姨婆家中。2时许，赵某梅发现刘某某死亡后，拨打110报警电话投案，到案后如实供述犯罪。经鉴定，刘某某系急性失血性休克死亡，赵某梅面部外伤评定为轻伤二级。刘某某的父母、子女均对赵某梅表示谅解。

案发后，赵某梅被羁押，家中只有年迈多病的刘某某父母和一对未成年子女，失去主要劳动力，仅靠刘某某父母的低保收入和少量耕地租金维持生活，家庭经济较为困难。当地妇联对此高度重视，积极协调为赵某梅的亲属申请救助款，并会同有关单位到赵某梅家中了解情况，帮助解决实际困难。

【裁判结果】

法院生效裁判认为，被告人赵某梅故意非法剥夺他人生命，其行为已构成故意杀人罪。被害人刘某某在婚姻生活中长期对赵某梅实施家庭暴力，案发当晚又无故殴打赵某梅长达近两个小时，作为长期施暴人在案件起因上具有明显过错。赵某梅因不堪忍受刘某某的长期家庭暴力，在激愤、恐惧状态下，为了摆脱家暴而采取极端手段将刘某某杀害，且仅捅刺一刀，未继续实施加害，犯罪情节并非特别恶劣，可认定为刑法第二百三十二条规定的故意杀人"情节较轻"。结合赵某梅作案后主动投案，如实供述全部犯罪事实，系自首，并认罪认罚，取得被害人亲属的谅解等情节，依法从轻处罚。据此，对赵某梅以故意杀人罪判处有期徒刑五年。

【典型意义】

人民法院在审理涉家庭暴力犯罪案件时，坚持全面贯彻宽严相济刑事政策，对于因长期遭受家庭暴力，在激愤、恐惧状态下，为防止再次遭受家庭暴力或者为了摆脱家庭暴力，而杀害、伤害施暴

一、婚姻制度篇

人的被告人，量刑时充分考虑案件起因、作案动机、被害人过错等因素，依法予以从宽处罚。但需要特别指出的是，对因家庭暴力引发的杀害、伤害施暴人犯罪从宽处罚，绝不是鼓励家庭暴力受害者"以暴制暴"。家庭暴力受害者一定要通过法律途径维护自己的合法权益，避免新的悲剧发生，使自己身陷囹圄，绝不能以犯罪来制止犯罪！本案中，人民法院根据被告人赵某梅的犯罪情节、手段及被害人存在明显过错等因素，依法认定赵某梅故意杀人"情节较轻"，并结合其所具有的法定、酌定量刑情节，予以从宽处罚，实现了天理国法人情相统一，体现了司法的人文关怀。妇联组织积极开展救助帮扶，加强关爱服务，帮助案涉家庭渡过难关，传递"娘家人"的关心与温暖。

20. 被告人梁某伟故意伤害案[①]
——受害者勇于向家庭暴力说"不"，"法院+妇联"合力守护妇女权益

【基本案情】

被告人梁某伟与被害人丁某（女）结婚多年并生育二子。2023年2月3日21时许，梁某伟酒后回家，因抱小孩等琐事与丁某发生争吵并将丁某打倒在地，脚踢丁某胸腹部，致丁某6处肋骨骨折，经鉴定损伤程度为轻伤一级。丁某报警。后梁某伟向公安机关投案，并如实供述犯罪。

案发后，丁某决意离婚，同时向当地妇联寻求帮助。当地妇联接到丁某的求助后，高度重视，立即安排相关人员为其疏导情绪，联系法律援助，帮助其向人民法院申请人身安全保护令并提起离婚

[①] 参见《最高法与全国妇联联合发布反家庭暴力犯罪典型案例》，载最高人民法院官网，https://www.court.gov.cn/zixun/xiangqing/448541.html，2025年4月22日访问。

065

诉讼。后人民法院签发人身安全保护令，并判决准予丁某与梁某伟离婚。当地妇联工作人员在了解到家庭变故导致丁某之子产生自卑、厌学情绪甚至轻生念头的情况后，还帮助联系心理咨询师提供心理辅导。经数次辅导，该未成年人的情绪得到缓解，与母亲的关系得以改善，学习成绩也有所提高。

【裁判结果】

法院生效裁判认为，被告人梁某伟故意伤害他人身体健康，其行为已构成故意伤害罪。梁某伟仅因琐事便殴打妻子致其受轻伤一级，犯罪情节恶劣，案发时是否处于醉酒状态不影响其行为性质的认定，亦不是从轻处罚的考量因素。梁某伟有自首情节，且自愿认罪认罚，可依法从轻处罚。但根据梁某伟犯罪的事实、性质、情节和对于社会的危害程度，对其不宜宣告缓刑。据此，对梁某伟以故意伤害罪判处有期徒刑一年七个月。

【典型意义】

家庭暴力犯罪发生在家庭内部，外人难以知晓，有些被害人受"家务事""家丑不可外扬"等观念影响，遭遇家庭暴力后不愿或不敢向外界求助，报案不及时甚至不报案的情况较为普遍。反抗家庭暴力首先需要受害者勇敢站出来，为自己发声。本案中，被害妇女在遭受家庭暴力后报警，并前往当地妇联寻求帮助，之后通过向人民法院申请人身安全保护令和提起离婚诉讼等方式维护自身权益，是积极运用法律武器反抗家庭暴力的正确示范。在此过程中，法院与妇联协同联动、密切配合，给予被害妇女和案涉未成年人充分、有效、全面的保护。希望每一位家庭暴力受害者都能够打消顾虑、勇敢、及时地向公安机关报警或向外界求助，运用法律武器，维护自身合法权益。

21. 被告人刘某坤虐待、重婚案[①]
——虐待共同生活的哺乳期妇女和未成年人，坚决依法惩处

【基本案情】

被告人刘某坤于 2011 年 9 月 6 日与他人登记结婚。在婚姻存续期间，又隐瞒已婚身份，于 2019 年与被害人郭某某以夫妻名义共同生活，郭某某之女岳某某（被害人，时年 8 岁）随郭某某与刘某坤共同生活，与刘某坤以父女相称。刘某坤与郭某某于 2021 年 1 月 30 日生育一子。2021 年 1 月至 7 月间，刘某坤在家中多次采用拳打脚踢或用钥匙割划身体等方式殴打岳某某及正处于哺乳期的郭某某，致二人全身多处受伤。刘某坤还多次辱骂、恐吓岳某某和郭某某，将岳某某的衣物剪坏、丢弃，对岳某某、郭某某施以精神摧残。后郭某某报警，刘某坤被公安机关抓获。经诊断，岳某某为抑郁状态、创伤后应激障碍。

【裁判结果】

法院生效裁判认为，被告人刘某坤与被害母女共同生活期间，长期多次采取殴打、辱骂、恐吓等手段对未成年女童及哺乳期妇女的身心予以摧残、折磨，情节恶劣，其行为已构成虐待罪；刘某坤已有配偶又与他人以夫妻名义同居生活，其行为已构成重婚罪，应依法并罚。据此，对刘某坤以虐待罪判处有期徒刑一年六个月，以重婚罪判处有期徒刑一年，决定执行有期徒刑二年四个月。

【典型意义】

虐待是实践中较为多发的一种家庭暴力，形式上包括殴打、冻饿、强迫过度劳动、限制人身自由、恐吓、侮辱、谩骂等。与故意杀人、故意伤害相比，虐待行为并不会立即或直接造成受害者伤

---

① 参见《最高法与全国妇联联合发布反家庭暴力犯罪典型案例》，载最高人民法院官网，https://www.court.gov.cn/zixun/xiangqing/448541.html，2025 年 4 月 22 日访问。

亡，尤其是虐待子女的行为往往被掩盖在"管教"的外衣之下，更加不易被发现和重视。但虐待行为有持续反复发生、不断恶化升级的特点，所造成的伤害是累计叠加的，往往待案发时，被害人的身心已遭受较为严重的伤害。本案中，被告人刘某坤在长达半年的时间内，多次辱骂、恐吓，甚至殴打共同生活的母女二人，致二人全身多处受伤，并致被害女童罹患精神疾病，情节恶劣。人民法院对刘某坤以虐待罪依法惩处，昭示司法绝不姑息家庭暴力的坚决立场，同时提醒广大群众理性平和地对待家庭矛盾、采用科学合理的方法教育子女。需要指出的是，本案被告人在婚姻存续期间与被害妇女以夫妻名义共同生活，构成重婚罪，虽然法律对此同居关系予以否定评价，但并不影响其与被害母女形成事实上的家庭成员关系，不影响对其构成虐待罪的认定与处罚。

22. 被告人王某辉拒不执行裁定案[1]
——拒不执行人身安全保护令，情节严重，依法追究刑事责任

【基本案情】

被告人王某辉与妻子王某某于 2019 年 4 月 29 日协议离婚。离婚后，双方仍共同居住，王某辉频繁打骂、威胁王某某。2023 年 8 月 25 日王某辉再次殴打王某某，后被公安机关处以行政拘留七日及罚款人民币三百元。同年 9 月，王某某拨打妇女维权公益服务热线 12338 求助，后在妇联工作人员的指引与协助下准备报警回执、就医证明等证据，于同年 10 月 12 日到当地妇联与人民法院联合设立的"家事诉联网法庭"向法院申请人身安全保护令。次日，人民法院签发人身安全保护令，裁定禁止王某辉对王某某实施殴打、威

---

[1] 参见《最高法与全国妇联联合发布反家庭暴力犯罪典型案例》，载最高人民法院官网，https://www.court.gov.cn/zixun/xiangqing/448541.html，2025 年 4 月 22 日访问。

胁等家庭暴力行为，禁止王某辉骚扰、跟踪、接触王某某及女儿。裁定有效期为生效之日起六个月。

同年11月28日，被告人王某辉再次殴打王某某及王某某同事，次日被公安机关处以行政拘留十日及罚款人民币五百元。王某某向当地妇联维权服务中心反映又被王某辉威胁、恐吓。市妇联工作人员在了解情况后，认为王某辉的行为已违反人身安全保护令，建议王某某报警并留存相关证据，向法院反映情况。社区及街道妇联迅速联合街道综治办及派出所对案件进行研判，密切关注王某辉动态，联系王某辉亲属开展劝导，加强王某某住处的安保措施。同年12月6日，法院办案人员对王某辉违反人身安全保护令的行为进行了训诫及劝导，王某辉书面保证以后不再犯。同月9日至12日，王某辉通过微信、短信等方式多次向王某某发送刀具照片、农药物流信息截图等人身威胁信息。法院办案人员以电话方式再次对王某辉进行训诫。此后，王某辉仍继续向王某某发送多条人身威胁信息。同月15日，人民法院决定对王某辉司法拘留十五日，并将案件线索移送公安机关。后王某辉被公安机关抓获。

【裁判结果】

法院生效裁判认为，被告人王某辉对人民法院签发人身安全保护令的生效裁定有能力执行而拒不执行，情节严重，其行为已构成拒不执行裁定罪。综合王某辉归案后如实供述、认罪认罚等情节，对王某辉以拒不执行裁定罪判处有期徒刑八个月。

【典型意义】

人身安全保护令制度自2016年3月1日设立以来，对预防家庭暴力发挥了重要作用。但实践中违反人身安全保护令的行为时有发生，严重影响人身安全保护令的实施效果。法律的生命在于实施，裁判的价值在于执行。人身安全保护令绝非一纸空文，是严肃的法院裁决，一经作出必须得到尊重和执行。拒不履行人身安保护令，是对司法权威的挑战，必将受到严惩。本案中，被告人王某辉违反人身安全保护令，情节严重，人民法院对其以拒不执行裁定罪定罪处罚，充分捍卫了法律的尊严和权威，保障了人身安全保护令的执行，让人身安全保护令真正成为维护家庭暴力受害者合法权益的有力武器。同时，本案也反映出家庭暴力反复性和长期性的特点，再次提醒家庭暴力受害者，一旦遭受家庭暴力可以向公安机关报案或者依法向人民法院起诉，也可以向妇联、居民委员会、村民委员会等单位投诉、反映，及时寻求帮助，通过法律武器更好保障自己的人身安全和合法权益。

23. 颜某某申请人格权侵害禁令案[1]
——父母一方或者其近亲属等抢夺、藏匿未成年子女，另一方向人民法院申请人格权侵害禁令的，人民法院应予支持

【基本案情】

2015年，颜某某与罗某某（男）登记结婚。2022年7月，颜某某生育双胞胎子女罗大某（男）、罗小某（女）。罗大某、罗小某出生后，与颜某某、罗某某共同生活居住在A省。因家庭矛盾未能得到有效调和，2024年3月，罗某某及其父母、妹妹等人将罗大某强行带离上述住所并带至B省。此后，罗大某与罗某某的父母在B省共同生活居住。经多次沟通，罗某某均拒绝将罗大某送回。颜某某遂提起本案申请，请求法院裁定罗某某将罗大某送回原住所并禁止罗某某抢夺、藏匿未成年子女。

---

[1] 参见《涉婚姻家庭纠纷典型案例》，载最高人民法院官网，https：//www.court.gov.cn/zixun/xiangqing/452761.html，2025年4月22日访问，案例标题有微调。

一、婚姻制度篇

【裁判结果】

审理法院认为,父母对未成年子女抚养、教育和保护的权利是一种重要的身份权,抢夺行为严重侵害未成年子女的人格权益和父母另一方因履行监护职责产生的权利。颜某某以其对儿子罗大某的监护权受到侵害为由向人民法院申请禁令,人民法院依法应予受理并可以参照民法典第997条的规定进行审查。因抢夺子女形成的抚养状态,是一种非法的事实状态,不因时间的持续而合法化。该抢夺子女的行为强行改变未成年子女惯常的生活环境和亲人陪伴,不利于未成年人身心健康,严重伤害父母子女之间的亲子关系。人民法院裁定罗某某自收到裁定之日起七日内将罗大某送回原住所,并禁止罗某某实施抢夺、藏匿子女或擅自将子女带离住所等侵害颜某某监护权的行为。本案裁定发出后,人民法院组织对双方当事人开展家庭教育指导,并现场督促罗某某购买车票将罗大某从B省接回A省。

【典型意义】

解决分居状态下抢夺、藏匿未成年子女问题的前提是及时快速制止不法行为,尽量减少对未成年人的伤害。签发人格权侵害禁令,可以进行事先预防性保护,避免权利主体受到难以弥补的损害。民法典第1001条规定,对自然人因婚姻家庭关系等产生的身份权利的保护,在相关法律没有规定的情况下,可以根据其性质参照适用人格权保护的有关规定。父母对未成年子女抚养、教育和保护的权利是一种重要的身份权,人民法院针对抢夺、藏匿未成年子女行为参照适用民法典第997条规定签发禁令,能够快速让未成年子女恢复到原来的生活状态,是人格权保护事先预防大于事后赔偿基本理念的具体体现,对不法行为形成有力的法律震慑。

24. 被告人谢某宇故意杀人案[1]
——施暴者因不满对方起诉离婚预谋杀人，依法判处并核准死刑

【基本案情】

被告人谢某宇与被害人文某某（女，殁年31岁）于2014年3月登记结婚。婚后谢某宇常年沉迷赌博，双方家庭通过变卖房产等方式为其偿还巨额赌债。谢某宇还多次无故殴打、辱骂文某某，甚至持剪刀捅扎文某某，致文某某多次受伤。2021年1月，文某某再次被殴打后回到父母家中居住，并提出离婚。谢某宇不愿离婚，扬言杀害文某某。同年7月7日，文某某向法院提起离婚诉讼，谢某宇收到法院开庭传票后再度扬言杀害文某某。同月9日7时许，谢某宇携刀到文某某父母家附近蹲守意图行凶，因未等到文某某而未果。次日，谢某宇携刀再次蹲守，待8时许文某某出门上班时，将文某某拉至楼梯转角平台处，威胁文某某撤诉未果后，持刀捅刺文某某数下，致文某某当场死亡。作案后，谢某宇逃至楼顶天台，被接警赶来的公安人员抓获。

【裁判结果】

法院生效裁判认为，被告人谢某宇故意非法剥夺他人生命，其行为已构成故意杀人罪。谢某宇常年沉迷赌博并多次对妻子实施家暴，因不满妻子起诉离婚，经预谋后将其杀害，作案动机卑劣，犯罪情节恶劣，罪行极其严重。据此，对谢某宇以故意杀人罪判处死刑，剥夺政治权利终身。经最高人民法院核准，谢某宇已被依法执行死刑。

【典型意义】

家庭暴力施暴者因不满受害方提出离婚而实施故意伤害甚至故

---

[1] 参见《最高法与全国妇联联合发布反家庭暴力犯罪典型案例》，载最高人民法院官网，https://www.court.gov.cn/zixun/xiangqing/448541.html，2025年4月22日访问。

一、婚姻制度篇

意杀人等严重暴力犯罪的案件时有发生，严重破坏家庭和谐，影响社会稳定，引起人民群众强烈愤慨。针对此类案件，人民法院综合考虑案件起因、作案动机、过错责任、犯罪手段、危害后果等量刑情节，依法从严惩处，该重判的坚决依法重判，应当判处死刑的坚决依法判处。本案被告人谢某宇不仅有赌博恶习，时常殴打、辱骂妻子，还因不满妻子起诉离婚，预谋报复杀人，性质极其恶劣，后果特别严重。人民法院依法对谢某宇判处死刑立即执行，一方面彰显了对严重家庭暴力犯罪坚决从严惩处的鲜明态度，另一方面旨在有力震慑犯罪，警示施暴者和潜在施暴者，家庭不是暴力的遮羞布，肆意践踏他人尊严、健康乃至生命者必将受到法律的严惩。

25. 涂某雄诉蒋某珍婚约财产纠纷案[①]
——一方借婚姻索取财物，另一方要求返还的，
人民法院应予支持

关键词

民事　婚约财产　借婚姻索取财物　赠与　返还

基本案情

2021年12月初，原告通过微信相亲群添加被告为微信好友，被告同意原告的好友请求。2021年12月中旬，被告感冒生病前往原告居住地，原告陪同看病，期间原告现金交付被告600元。此后双方联系频繁。2021年12月下旬，被告通过微信向原告表达交往、共同生活的意愿并设定前提条件，即"（一）我们先相处，你给我六万元彩礼钱我们一起生活一段时间（我的家用电器家具都一万多

[①] 人民法院案例库入库编号：2024-07-2-012-001，2025年5月14日访问。

073

元了全都给你），如果双方觉得合适再于明年去领证；（二）你觉得我好可以一起到老那么年前挑个日子双方亲戚走动一下然后去领证，可我要求彩礼钱18万元等"，原告表示同意，双方遂建立恋爱关系。2021年12月底，原告在被告的要求下花费4223元为被告购买金戒指一枚，同日原告通过微信转账给被告20000元，并备注为"付蒋某珍婚礼钱"。2022年1月初，原告又通过微信转账给被告20000元，并备注为"付蒋某珍买房交税"。自2021年12月起至2022年9月止，被告以其需交房税、物业费、罚款、话费、网络费、购买车保险、配眼镜、给他人随礼、过节表示及其他生活消费为由向原告索取钱款，原告陆续通过微信转账、发红包给被告合计58620元。自2022年8月起，因被告拒接、无视原告电话，对原告领证的提议采取推脱、逃避的态度，并向原告多次表示"给钱才领证"，双方感情因此产生隔阂，并于2022年9月结束恋爱关系。涂某雄认为，被告蒋某珍借婚姻索取财物，所得钱款59220元、财物（金戒指）应返还原告。

蒋某珍辩称：在双方恋爱期间，原告为表示爱情交好，自愿赠与被告财物，该赠与行为已经完成，被告无需返还。

另查明，在交往期间双方未长期稳定共同生活。

浙江省衢州市衢江区人民法院于2023年3月28日作出（2023）浙0803民初175号民事判决：一、被告蒋某珍于本判决生效之日起十日内返还原告涂某雄钱款59220元；二、被告蒋某珍于本判决生效之日起十日内返还原告涂某雄价值4223元金戒指一枚，若无法返还原物，则由被告蒋某珍赔偿原告涂某雄4223元；三、驳回原告涂某雄的其他诉讼请求。宣判后，蒋某珍不服，提起上诉。浙江省衢州市中级人民法院于2023年6月20日作出（2023）浙08民终445号民事判决：驳回上诉，维持原判。

一、婚姻制度篇

裁判理由

本案争议焦点有二：一、原告向被告给付财物的行为系被告借婚姻索取财物还是男女双方自愿馈赠？二、若被告的行为构成借婚姻索取财物，原告是否可以要求被告返还所有财物？

关于争议焦点一，首先，关于双方交往意图，原、被告系在微信相亲群中互加好友相识，根据被告在微信聊天中的表示及原告对被告的提议表示赞同，可以看出原、被告双方相识之初便有以缔结婚姻为目的进行交往的合意，且被告表现出要求原告给付财物为结婚先决条件的意图，原告后续应被告要求为被告购买金戒指、给付被告彩礼钱 20000 元；其次，关于双方相处模式及感情状况，双方长期两地分居，被告多数时间在外务工，双方以微信作为联络感情的主要方式，且被告主动与原告联系几乎以索要钱款为目的，其余时间均以工作忙碌等原因拒接、忽视原告的电话，双方关系牢固性、稳定性差，婚姻以感情为基础，但被告对原告几乎无感情可言；再次，关于原告给付被告财物的态度，被告以其需要交房税、物业费、罚款、话费、网络费、购买车保险、配眼镜、给他人随礼、过节表示以及其他生活消费为由向原告索要财物，原告均系被动给付，且仅是被告单方面向原告索要财物，原告并未向被告索取且被告未回赠原告；最后，关于被告与原告交往的真实意图，在原告多次向被告表达领证意愿后，被告均以各种理由推脱、逃避，并多次向原告表示"给钱才领证"，再次表明被告具备以给付钱财为结婚先决条件意图，如原告不给付，则不与之结婚，使得原告陷入被迫给付的困境。综上可以看出，被告以愿意结婚为条件向原告不断索要财物，其目的是想让原告陷入错误认识，在违背真实意愿的前提下做出财产赠与行为，被告的行为已然构成借婚姻索取财物。

关于争议焦点二，借婚姻索取财物不符合社会主义婚姻家庭道

075

德观，应认定为无效民事法律行为，行为自始不具备法律约束力，索取的财物应当予以退还。本案中，考虑到被告借婚姻索取财物、双方未办理结婚登记手续、未形成长期稳定的同居关系、见面相处的次数不多，长期通过微信联系、被告对待原告消极回避的态度等因素，法院认为被告对双方的感情持漠然态度，对原告几乎无感情可言，仅是为了满足自身的物质欲望，被告应将原告给付的财物全部返还。根据查明的事实，原告通过微信转账、发红包共计向被告给付钱款 58620 元、现金交付 600 元、交付价值为 4223 元金戒指一枚，上述财物被告均应返还原告。

裁判要旨

民法典明确规定"禁止借婚姻索取财物"。当事人自认识伊始为满足自身物质需求不断以结婚先决条件为由向对方索取财物，未用于共同生活，又以未达到彩礼标准为由拒绝结婚的行为，与恋爱中的一般赠与存在差别，应认定为借婚姻索取财物。对借婚姻索取财物的行为应作否定性评价，索取的财物应当予以全部返还。

关联索引

《中华人民共和国民法典》第 153 条、第 157 条、第 1042 条

一审：浙江省衢州市衢江区人民法院（2023）浙 0803 民初 175 号民事判决（2023 年 3 月 28 日）

二审：浙江省衢州市中级人民法院（2023）浙 08 民终 445 号民事判决（2023 年 6 月 20 日）

《民法典》【婚姻家庭道德规范】

第一千零四十三条 家庭应当树立优良家风,弘扬家庭美德,重视家庭文明建设。

夫妻应当互相忠实,互相尊重,互相关爱;家庭成员应当敬老爱幼,互相帮助,维护平等、和睦、文明的婚姻家庭关系。

关联规定

1. 《民法典婚姻家庭编解释(一)》

第四条 当事人仅以民法典第一千零四十三条为依据提起诉讼的,人民法院不予受理;已经受理的,裁定驳回起诉。

2. 《婚姻登记条例》

第五条 县级以上地方人民政府应当加强综合性婚姻家庭服务指导工作和婚姻家庭辅导服务体系建设,治理高额彩礼问题,倡导文明婚俗,促进家庭和谐,引导树立正确的婚恋观、生育观、家庭观。

婚姻登记机关应当提供婚姻家庭辅导服务,充分发挥婚姻家庭辅导师等专业人员和其他社会力量在婚前教育、婚姻家庭关系辅导等方面的作用。妇女联合会等组织协助和配合婚姻登记机关开展婚姻家庭辅导服务。

民政部门应当加强婚姻家庭辅导服务专业人员队伍建设,组织开展婚姻家庭辅导师职业培训,持续提升婚姻家庭辅导服务专业人员的职业素质和业务技能水平。

3. 《妇女权益保障法》

第六十三条　婚姻登记机关应当提供婚姻家庭辅导服务，引导当事人建立平等、和睦、文明的婚姻家庭关系。

典型案例

1. 指导性案例 229 号：沙某某诉袁某某探望权纠纷案[①]

关键词

民事/探望权/未成年人/隔代探望/丧子老人

裁判要点

未成年人的父、母一方死亡，祖父母或者外祖父母向人民法院提起诉讼请求探望孙子女或者外孙子女的，人民法院应当坚持最有利于未成年人、有利于家庭和谐的原则，在不影响未成年人正常生活和身心健康的情况下，依法予以支持。

基本案情

沙某某系丁某某的母亲，其独生子丁某某与袁某某于 2016 年 3 月结婚，于 2018 年 1 月生育双胞胎男孩丁某甲、丁某乙。2018 年 7 月丁某某因病去世。丁某甲、丁某乙一直与袁某某共同生活。沙某某多次联系袁某某想见孩子，均被袁某某拒绝。沙某某遂起诉请求每月 1 日、20 日探望孩子，每次 2 小时。

裁判结果

陕西省西安市新城区人民法院于 2021 年 6 月 18 日作出民事判决：原告沙某某每月第一个星期探望丁某甲、丁某乙一次，每次不超过两小时，袁某某应予配合。宣判后，袁某某不服，提起上诉。陕西省西安市中级人民法院于 2021 年 9 月 28 日作出民事判决：驳

[①] 最高人民法院审判委员会讨论通过，2024 年 5 月 30 日发布。

回上诉，维持原判。

裁判理由

沙某某系丁某甲、丁某乙的祖母，对两个孩子的探望属于隔代探望。虽然我国法律并未对祖父母或者外祖父母是否享有隔代探望权作出明确规定，但探望权系与人身关系密切相关的权利，通常基于血缘关系产生；孩子的父、母一方去世的，祖父母与孙子女的近亲属关系不因父或母去世而消灭。祖父母隔代探望属于父母子女关系的延伸，符合我国传统家庭伦理观念，符合社会主义核心价值观及公序良俗。隔代探望除满足成年亲属对未成年人的情感需求外，也是未成年人获得更多亲属关爱的一种途径。特别是在本案沙某某的独生子丁某某已经去世的情况下，丁某甲、丁某乙不仅是丁某某和袁某某的孩子，亦系沙某某的孙子，沙某某通过探望孙子，获得精神慰藉，延续祖孙亲情，也会给两个孩子多一份关爱，有利于未成年人健康成长，袁某某应予配合。同时，隔代探望应当在有利于未成年人成长和身心健康，不影响未成年人及其母亲袁某某正常生活的前提下进行，探望前应当做好沟通。

相关法条

《中华人民共和国民法典》第 10 条、第 1043 条、第 1045 条、第 1086 条

2. 崔某某与叶某某及高某某赠与合同纠纷案[①]
——夫妻一方在婚姻关系存续期间违反忠实义务将夫妻共同财产赠与第三人的行为无效，另一方请求第三人全部返还的，人民法院应予支持

【基本案情】

崔某某与高某某（男）于2010年2月登记结婚。婚姻关系存续期间，高某某与叶某某存在不正当关系，并于2019年3月至2023年9月向叶某某共转账73万元。同期，叶某某向高某某回转17万元，实际收取56万元。崔某某提起本案诉讼，请求判令叶某某返还崔某某的夫妻共同财产73万元。叶某某辩称，高某某转给其的部分款项已消费，不应返还。高某某认可叶某某的主张。

【裁判结果】

审理法院认为，在婚姻关系存续期间，夫妻双方未选择其他财产制的情况下，对夫妻共同财产不分份额地共同享有所有权。本案中，高某某未经另一方同意，将夫妻共同财产多次转给与其保持不正当关系的叶某某，违背社会公序良俗，故该行为无效，叶某某应当返还实际收取的款项。对叶某某关于部分款项已消费的主张，不予支持。

【典型意义】

根据民法典第1043条规定，夫妻应当互相忠实，互相尊重，互相关爱。婚姻关系存续期间，夫妻一方为重婚、与他人同居以及其他违反夫妻忠实义务等目的，私自将夫妻共同财产赠与他人，不仅侵害了夫妻共同财产平等处理权，更是一种严重违背公序良俗的行为，法律对此坚决予以否定。权益受到侵害的夫妻另一方主张该

[①] 参见《涉婚姻家庭纠纷典型案例》，载最高人民法院官网，https://www.court.gov.cn/zixun/xiangqing/452761.html，2025年4月22日访问，案例标题有微调。

一、婚姻制度篇

民事法律行为无效并请求返还全部财产的，人民法院应予支持。不能因已消费而免除其返还责任。该判决对于贯彻落实婚姻家庭受国家保护的宪法和民法典基本原则，践行和弘扬社会主义核心价值观具有示范意义。

3. 马某臣、段某娥诉于某艳探望权纠纷案[1]

（一）典型意义

近年来，（外）祖父母起诉要求探视（外）孙子女的案件不断增多，突出反映了社会生活对保障"隔代探望权"的司法需求。民法典虽未对隔代探望权作出规定，但民法典第十条明确了处理民事纠纷的依据。按照我国风俗习惯，隔代近亲属探望（外）孙子女符合社会广泛认可的人伦情理，不违背公序良俗。本案依法支持原告探望孙女的诉讼请求，符合民法典立法目的和弘扬社会主义核心价值观的要求，对保障未成年人身心健康成长和维护老年人合法权益具有积极意义。

（二）基本案情

原告马某臣、段某娥系马某豪父母。被告于某艳与马某豪原系夫妻关系，两人于2018年2月14日办理结婚登记，2019年6月30日生育女儿马某。2019年8月14日，马某豪在工作时因电击意外去世。目前，马某一直随被告于某艳共同生活。原告因探望孙女马某与被告发生矛盾，协商未果，现诉至法院，请求判令：每周五下午六点原告从被告处将马某接走，周日下午六点被告将马某从原告处接回；寒暑假由原告陪伴马某。

---

[1] 参见《人民法院贯彻实施民法典典型案例（第二批）》，载最高人民法院官网，https://www.court.gov.cn/zixun/xiangqing/386521.html，2025年4月16日访问。

081

(三) 裁判结果

生效裁判认为,马某臣、段某娥夫妇老年痛失独子,要求探望孙女是人之常情,符合民法典立法精神。马某臣、段某娥夫妇探望孙女,既可缓解老人丧子之痛,也能使孙女从老人处得到关爱,有利于其健康成长。我国祖孙三代之间的关系十分密切,一概否定(外)祖父母对(外)孙子女的探望权不符合公序良俗。因此,对于马某臣、段某娥要求探望孙女的诉求,人民法院予以支持。遵循有利于未成年人成长原则,综合考虑马某的年龄、居住情况及双方家庭关系等因素,判决:马某臣、段某娥对马某享有探望权,每月探望两次,每次不超过五个小时,于某艳可在场陪同或予以协助。

(四) 民法典条文指引

第十条 处理民事纠纷,应当依照法律;法律没有规定的,可以适用习惯,但是不得违背公序良俗。

第一千零四十三条 家庭应当树立优良家风,弘扬家庭美德,重视家庭文明建设。

夫妻应当互相忠实,互相尊重,互相关爱;家庭成员应当敬老爱幼,互相帮助,维护平等、和睦、文明的婚姻家庭关系。

《民法典》【亲属、近亲属与家庭成员】

第一千零四十五条 亲属包括配偶、血亲和姻亲。

配偶、父母、子女、兄弟姐妹、祖父母、外祖父母、孙子女、外孙子女为近亲属。

配偶、父母、子女和其他共同生活的近亲属为家庭成员。

二、结婚登记篇

《民法典》 【结婚自愿】

第一千零四十六条 结婚应当男女双方完全自愿,禁止任何一方对另一方加以强迫,禁止任何组织或者个人加以干涉。

《民法典》 【法定婚龄】

第一千零四十七条 结婚年龄,男不得早于二十二周岁,女不得早于二十周岁。

《民法典》 【禁止结婚的情形】

第一千零四十八条 直系血亲或者三代以内的旁系血亲禁止结婚。

《民法典》 【结婚程序】

第一千零四十九条 要求结婚的男女双方应当亲自到婚姻登记机关申请结婚登记。符合本法规定的,予以登记,发给结婚证。完成结婚登记,即确立婚姻关系。未办理结婚登记的,应当补办登记。

关联规定

1.《民法典婚姻家庭编解释（一）》

第六条　男女双方依据民法典第一千零四十九条规定补办结婚登记的，婚姻关系的效力从双方均符合民法典所规定的结婚的实质要件时起算。

第七条　未依据民法典第一千零四十九条规定办理结婚登记而以夫妻名义共同生活的男女，提起诉讼要求离婚的，应当区别对待：

（一）1994年2月1日民政部《婚姻登记管理条例》公布实施以前，男女双方已经符合结婚实质要件的，按事实婚姻处理。

（二）1994年2月1日民政部《婚姻登记管理条例》公布实施以后，男女双方符合结婚实质要件的，人民法院应当告知其补办结婚登记。未补办结婚登记的，依据本解释第三条规定处理。

第八条　未依据民法典第一千零四十九条规定办理结婚登记而以夫妻名义共同生活的男女，一方死亡，另一方以配偶身份主张享有继承权的，依据本解释第七条的原则处理。

2.《婚姻登记条例》

第二条　内地居民办理婚姻登记的机关是县级人民政府民政部门或者省、自治区、直辖市人民政府按照便民原则确定的乡（镇）人民政府。

中国公民同外国人，内地居民同香港特别行政区居民（以下简称香港居民）、澳门特别行政区居民（以下简称澳门居民）、台湾地区居民（以下简称台湾居民）、华侨办理婚姻登记的机关是省、自治区、直辖市人民政府民政部门或者省、自治区、直辖市人民政府民政部门确定的机关。

第六条　婚姻登记机关从事婚姻登记的工作人员应当接受婚姻

登记业务培训，依照有关规定经考核合格，方可从事婚姻登记工作。

婚姻登记机关办理婚姻登记，不得收取费用。

婚姻登记机关及其工作人员在婚姻登记工作中发现疑似被拐卖、绑架的妇女的，应当依法及时向有关部门报告；发现当事人遭受家庭暴力或者面临家庭暴力的现实危险的，应当及时劝阻并告知受害人寻求救助的途径。

婚姻登记机关及其工作人员应当对在婚姻登记工作中知悉的个人隐私、个人信息予以保密，不得泄露或者向他人非法提供。

第七条 内地居民结婚，男女双方应当亲自到婚姻登记机关共同申请结婚登记。

中国公民同外国人在中国内地结婚的，内地居民同香港居民、澳门居民、台湾居民、华侨在中国内地结婚的，男女双方应当亲自到本条例第二条第二款规定的婚姻登记机关共同申请结婚登记。

婚姻登记机关可以结合实际为结婚登记当事人提供预约、颁证仪式等服务。鼓励当事人邀请双方父母等参加颁证仪式。

第八条 申请结婚登记的内地居民应当出具下列证件和书面材料：

（一）本人的居民身份证；

（二）本人无配偶以及与对方当事人没有直系血亲和三代以内旁系血亲关系的签字声明。

申请结婚登记的香港居民、澳门居民、台湾居民应当出具下列证件和书面材料：

（一）本人的有效通行证或者港澳台居民居住证、身份证；

（二）经居住地公证机构公证的本人无配偶以及与对方当事人没有直系血亲和三代以内旁系血亲关系的声明。

申请结婚登记的华侨应当出具下列证件和书面材料：

（一）本人的有效护照；

（二）居住国公证机构或者有权机关出具的、经中华人民共和国驻该国使（领）馆认证的本人无配偶以及与对方当事人没有直系血亲和三代以内旁系血亲关系的证明，或者中华人民共和国驻该国使（领）馆出具的本人无配偶以及与对方当事人没有直系血亲和三代以内旁系血亲关系的证明。中华人民共和国缔结或者参加的国际条约另有规定的，按照国际条约规定的证明手续办理。

申请结婚登记的外国人应当出具下列证件和书面材料：

（一）本人的有效护照或者其他有效的国际旅行证件，或者外国人永久居留身份证等中国政府主管机关签发的身份证件；

（二）所在国公证机构或者有权机关出具的、经中华人民共和国驻该国使（领）馆认证或者该国驻华使（领）馆认证的本人无配偶的证明，或者所在国驻华使（领）馆出具的本人无配偶的证明。中华人民共和国缔结或者参加的国际条约另有规定的，按照国际条约规定的证明手续办理。

申请结婚登记的当事人对外国主管机关依据本条第三款、第四款提及的国际条约出具的证明文书的真实性负责，并签署书面声明。

第九条 申请结婚登记的当事人有下列情形之一的，婚姻登记机关不予登记：

（一）未到法定结婚年龄的；

（二）非男女双方完全自愿的；

（三）一方或者双方已有配偶的；

（四）属于直系血亲或者三代以内旁系血亲的。

第十条 婚姻登记机关应当核对结婚登记当事人出具的证件、书面材料，询问相关情况，并对当事人的身份以及婚姻状况信息进行联网核对，依法维护当事人的权益。对当事人符合结婚条件的，应当当场予以登记，发给结婚证；对当事人不符合结婚条件不予登记的，应当向当事人说明理由。

第十一条 要求结婚的男女双方未办理结婚登记的，应当补办登记。男女双方补办结婚登记的，适用本条例结婚登记的规定。

第二十一条 当事人需要补领结婚证或者离婚证的，可以持居民身份证或者本条例第八条第二款至第四款规定的有效身份证件向婚姻登记机关申请办理。

婚姻登记机关对当事人的婚姻登记档案进行查证，确认属实的，应当为当事人补发结婚证或者离婚证。

第二十三条 当事人应当对所出具证件和书面材料的真实性、合法性负责，出具虚假证件或者书面材料的，应当承担相应法律责任，相关信息按照国家有关规定记入信用记录，并纳入全国信用信息共享平台。

3.《婚姻登记工作规范》

第二十七条 结婚登记应当按照初审—受理—审查—登记（发证）的程序办理。

第二十八条 受理结婚登记申请的条件是：

（一）申请事项属于该婚姻登记处职能范围；

（二）要求结婚的男女双方亲自共同到婚姻登记处提出申请；

（三）当事人男不得早于22周岁，女不得早于20周岁，生日当天可以受理；

（四）当事人双方均无配偶（未婚、离婚、丧偶）；

（五）当事人双方没有直系血亲和三代以内旁系血亲关系；

（六）双方自愿结婚；

（七）当事人提交3张2寸双方近期半身免冠同版合影证件照；

（八）当事人持有本规范第二十九条至第三十五条规定的有效证件和书面材料。

二、结婚登记篇

第二十九条　内地居民办理结婚登记应当出具本人有效的居民身份证、本人无配偶以及与对方当事人没有直系血亲和三代以内旁系血亲关系的签字声明。因故不能出具身份证的可以出具有效的临时身份证。

当事人声明的婚姻状况与婚姻登记机关核查信息不一致的，当事人应当向登记机关提供能够证明其声明真实性的法院生效司法文书、配偶居民死亡医学证明（推断）书等材料。

第三十条　现役军人办理结婚登记应当提交本人有效的居民身份证、军人证件和部队出具的军人婚姻登记证明。

居民身份证、军人证件和军人婚姻登记证明上的姓名、性别、出生日期、公民身份号码应当一致；不一致的，当事人应当先到有关部门更正。

第三十一条　香港居民办理结婚登记应当提交：

（一）有效的港澳居民来往内地通行证或者港澳居民居住证；

（二）香港居民身份证；

（三）经香港委托公证人公证的本人无配偶以及与对方当事人没有直系血亲和三代以内旁系血亲关系的声明。

第三十二条　澳门居民办理结婚登记应当提交：

（一）有效的港澳居民来往内地通行证或者港澳居民居住证；

（二）澳门居民身份证；

（三）经澳门公证机构公证的本人无配偶以及与对方当事人没有直系血亲和三代以内旁系血亲关系的声明。

第三十三条　台湾居民办理结婚登记应当提交：

（一）有效的台湾居民来往大陆通行证或者其他有效旅行证件，或者台湾居民居住证；

（二）本人在台湾地区居住的有效身份证；

（三）经台湾公证机构公证的本人无配偶以及与对方当事人没

有直系血亲和三代以内旁系血亲关系的声明。

第三十四条 华侨办理结婚登记应当提交：

（一）本人的有效护照；

（二）居住国公证机构或者有权机关出具的、经中华人民共和国驻该国使（领）馆认证的本人无配偶以及与对方当事人没有直系血亲和三代以内旁系血亲关系的证明或声明，或者中华人民共和国驻该国使（领）馆出具的本人无配偶以及与对方当事人没有直系血亲和三代以内旁系血亲关系的证明或经该使（领）馆公证的本人声明。

与中国无外交关系的国家出具的有关证明，应当经与该国及中国均有外交关系的第三国驻该国使（领）馆和中国驻第三国使（领）馆认证，或者经第三国驻华使（领）馆认证。

中华人民共和国缔结或者参加的国际条约另有规定的，按照条约规定的证明手续办理。

第三十五条 外国人办理结婚登记应当提交：

（一）本人的有效护照或者其他有效的国际旅行证件，或者外国人永久居留身份证等中国政府主管机关签发的身份证件；

（二）所在国公证机构或者有权机关出具的、经中华人民共和国驻该国使（领）馆认证或者该国驻华使（领）馆认证的本人无配偶的证明，或者所在国驻华使（领）馆出具的本人无配偶的证明。

与中国无外交关系的国家出具的有关证明，应当经与该国及中国均有外交关系的第三国驻该国使（领）馆和中国驻第三国使（领）馆认证，或者经第三国驻华使（领）馆认证。

中华人民共和国缔结或者参加的国际条约另有规定的，按照条约规定的证明手续办理。

第三十六条 婚姻登记员办理结婚登记申请，应当按照下列程序进行：

（一）向当事人双方询问身份信息、结婚意愿、婚姻状况；

（二）查看本规范第二十九条至第三十五条规定的相应证件和书面材料是否齐全；

（三）通过身份信息识别比对设备进行人证校验、指纹比对，并对当事人的婚姻状况进行联网核对；

（四）审查当事人提交的证件和书面材料；

（五）当事人现场填写《婚姻登记个人信用信息风险告知书》（见附件1）；①

（六）自愿结婚的当事人双方现场各填写一份《申请结婚登记声明书》（见附件2）并阅知声明书内容；

"声明人"一栏的签名必须由声明人在监誓人面前完成并按指纹；

（七）婚姻登记员作监誓人并在监誓人一栏签名。

第三十七条　对符合结婚条件的，由婚姻登记员填写《结婚登记审查处理表》（见附件3）和结婚证。

第三十八条　《结婚登记审查处理表》的填写：

（一）《结婚登记审查处理表》项目的填写，按照下列规定通过计算机完成：

1."申请人姓名"：当事人是中国公民的，使用中文填写；当事人是外国人的，按照当事人护照上的姓名填写。

2."出生日期"：使用阿拉伯数字，按照身份证件上的出生日期填写为"××××年××月××日"。

3."身份证件号"：当事人是内地居民的，填写公民身份号码；当事人是香港、澳门、台湾居民的，填写香港、澳门、台湾居民身

---

① 附件略，下同。

份证号,并在号码后加注"(香港)"、"(澳门)"或者"(台湾)";当事人是华侨的,填写护照号;当事人是外国人的,填写当事人的护照或者国际旅行证件号,或者外国人永久居留身份证等中国政府主管机关签发的身份证件号码。

证件号码前面有字符的,应当一并填写。

4."国籍":当事人是内地居民、香港居民、澳门居民、台湾居民、华侨的,填写"中国";当事人是外国人的,按照护照上的国籍填写;无国籍人,填写"无国籍"。

5."提供证件、证明材料情况":应当将当事人提供的证件、证明材料逐一填写,不得省略。

6."审查意见":填写"符合结婚条件,准予登记"。

7."结婚登记日期":使用阿拉伯数字,填写为:"××××年××月××日"。填写的日期应当与结婚证上的登记日期一致。

8."结婚证字号"填写式样按照民政部相关规定执行,填写规则见附则。

9."结婚证印制号"填写颁发给当事人的结婚证上印制的号码。

10."承办机关名称":填写承办该结婚登记的婚姻登记处的名称。

(二)"登记员签名":由办理该结婚登记的婚姻登记员亲笔签名,不得使用个人印章或者计算机打印。

(三)在"照片"处粘贴当事人提交的照片,并在骑缝处加盖钢印。

第三十九条 结婚证的填写:

(一)结婚证上"结婚证字号"、"姓名"、"性别"、"出生日期"、"身份证件号"、"国籍"、"登记日期"应当与《结婚登记审查处理表》中相应项目完全一致。

（二）"婚姻登记员"：由办理该结婚登记的婚姻登记员使用黑色墨水钢笔或签字笔亲笔签名，签名应清晰可辨，不得使用个人印章或者计算机打印。

（三）在"照片"栏粘贴当事人双方合影照片。

（四）在照片与结婚证骑缝处加盖婚姻登记工作业务专用钢印。

（五）"登记机关"：盖婚姻登记工作业务专用印章（红印）。

（六）"备注"：持永居证外国人要求加注永居证号码的，"备注"栏填写"持证人同时持有××号外国人永久居留身份证"。

第四十条 婚姻登记员在完成结婚证填写后，应当进行认真核对、检查。对填写错误、证件被污染或者损坏的，应当将证件报废处理后，再重新填写。

第四十一条 发给结婚证，应当在当事人双方均在场时按照下列步骤进行：

（一）向当事人双方询问声明内容是否属实；

（二）告知当事人双方领取结婚证后的法律关系以及夫妻权利、义务；

（三）见证当事人本人亲自在《结婚登记审查处理表》上的"当事人领证签名并按指纹"一栏中签名并按指纹。

"当事人领证签名并按指纹"一栏不得空白，不得由他人代为填写、代按指纹；

（四）将结婚证分别发给结婚登记当事人双方，向双方当事人宣布：取得结婚证，完成结婚登记；

（五）祝贺新人。

婚姻登记员应当询问当事人是否需要接受婚前教育、婚姻家庭关系辅导。根据情况填写《婚姻家庭辅导服务记录表》（见附件4）。

婚姻登记员应当询问当事人是否需要提供颁证仪式服务。当事人需要提供颁证仪式服务的，鼓励邀请双方父母等参加颁证仪式。

第四十二条 申请补办结婚登记的，当事人填写《申请补办结婚登记声明书》（见附件5），婚姻登记机关按照结婚登记程序办理。

第四十四条 婚姻登记员每办完一对结婚登记，应当依照《婚姻登记档案管理办法》，对应当存档的材料进行整理、扫描、保存，不得出现原始材料丢失、损毁情况。

第四十五条 婚姻登记机关对不符合结婚登记条件的，不予办理结婚登记。当事人要求出具《不予办理结婚登记告知书》（见附件6）的，应当出具。

第五十九条 当事人需要补领婚姻登记证件的，可以向婚姻登记机关申请办理。

婚姻登记机关对当事人的婚姻登记档案进行查证，确认属实的，应当为当事人补发结婚证、离婚证。

第六十条 婚姻登记机关为当事人补发结婚证、离婚证，应当按照初审—受理—审查—发证程序进行。

第六十一条 受理补领结婚证、离婚证申请的条件是：

（一）申请事项属于该婚姻登记处职能范围；

（二）当事人依法登记结婚或者登记离婚，现今仍然维持该状况；

（三）当事人持有本规范第二十九条至第三十五条规定的有效证件；

（四）当事人持有加盖查档专用章的婚姻登记档案或信息共享获取的婚姻登记电子档案；

（五）补领结婚证的当事人双方亲自到婚姻登记处提出申请，填写《申请补领婚姻登记证件声明书》（见附件16）；补领离婚证的当事人亲自到婚姻登记处提出申请，填写《申请补领婚姻登记证件声明书》。

当事人因故不能到婚姻登记处申请补领婚姻登记证件的，有档案可查且档案信息与身份信息一致的，可以委托他人办理。委托办理应当提交当事人的身份证件和经公证机关公证的授权委托书。委托书应当写明当事人姓名、身份证件号码、办理婚姻登记的时间及承办机关、目前的婚姻状况、委托事由、受委托人的姓名和身份证件号码。受委托人应当同时提交本人的有效身份证件。

第六十二条 婚姻登记员受理补领婚姻登记证件申请，应当按照下列程序进行：

（一）询问当事人的身份信息、婚姻状况；

（二）查看本规范第六十一条规定的证件和书面材料；

（三）通过身份信息识别比对设备进行人证校验、指纹比对；

（四）审查当事人提交的证件和书面材料；

（五）当事人现场填写《婚姻登记个人信用信息风险告知书》；

（六）当事人填写《申请补领婚姻登记证件声明书》，《申请补领婚姻登记证件声明书》中"声明人"一栏的签名必须由声明人在监誓人面前完成并按指纹；

（七）婚姻登记员作监誓人并在监誓人一栏签名；

（八）申请补领结婚证的，双方当事人提交3张2寸双方近期半身免冠同版合影证件照；申请补领离婚证的当事人提交2张2寸单人近期半身免冠同版证件照。

第六十三条 婚姻登记员对符合补发条件的，填写《补发婚姻登记证件审查处理表》（见附件17）和婚姻登记证件。《补发婚姻登记证件审查处理表》参照本规范第三十八条规定填写。

第六十四条 补发婚姻登记证件时，见证当事人本人亲自在《补发婚姻登记证件审查处理表》"当事人领证签名并按指纹"一栏中签名并按指纹，将婚姻登记证件发给当事人。

第六十五条 婚姻登记员每办完一例补发婚姻登记证件，应当依照《婚姻登记档案管理办法》，对应当存档的材料进行整理、扫描、保存，不得出现原始材料丢失、损毁情况。

第六十六条 当事人所持身份证件上姓名、出生日期、身份证件号码与婚姻登记档案记载不一致的，按照下列情形处理：公安机关出具的证明或当事人的户口簿上以曾用名的方式反映姓名变更的，婚姻登记机关可以采信。

当事人提供证明身份信息一致的证明材料，并能够证明一致的，婚姻登记机关可以采信。

当事人办理结婚登记时未达到法定婚龄，通过非法手段取得婚姻登记，其在申请补领时仍未达法定婚龄的，婚姻登记机关不得补发结婚证；其在申请补领时已达法定婚龄的，当事人应对结婚登记情况作出书面说明，填写《补领婚姻登记证件相关事项声明表》（见附件18），婚姻登记机关补发的结婚证登记日期为当事人达到法定婚龄当日。

第六十七条 具有以下情形的，当事人应当向本规范第五条第二款规定的婚姻登记机关申请：

（一）一方为外国人或香港、澳门、台湾居民及华侨的；

（二）双方为香港、澳门、台湾居民及华侨的。

申请补领婚姻登记证件时双方均为外国人的，不予补发，可以为其调取婚姻登记档案。

第六十八条 当事人补领婚姻登记证件时，结婚登记档案查找不到的，应当向婚姻登记机关提交下列至少两项婚姻关系证据的材料：

（一）户口簿上夫妻关系的记载或者户口簿上曾经记载为夫妻关系的材料；

（二）原婚姻登记机关出具的当事人何年何月何日办理过结婚

登记的说明材料；

（三）加盖单位印章的记载夫妻关系的人事档案复印件及单位证明材料；

（四）村（居）民委员会主动出具的婚姻关系凭证材料；

（五）两名近亲属作出的当事人为夫妻关系的声明。相关证明人须持本人有效居民身份证与当事人共同到婚姻登记处补领结婚证，进行书面声明并对证明事项依法承担相应责任；

（六）其他能够充分证明当事人依法登记过的证明材料。

当事人声明依法登记且婚姻关系存续至今，能够提供充分证据的，婚姻登记机关经过严格审查后为其补发结婚证。

第六十九条 当事人办理过结婚登记，申请补领时的婚姻状况因离婚或丧偶发生改变的，不予补发结婚证；当事人办理过离婚登记的，申请补领时的婚姻状况因恢复婚姻关系发生改变的，不予补发离婚证。

第七十条 婚姻登记机关对不具备补领结婚证、离婚证受理条件的，不予受理。当事人要求出具《不予补发结婚证告知书》（见附件19）或者《不予补发离婚证告知书》（见附件20）的，应当出具。

4.《最高人民法院、最高人民检察院、公安部、民政部关于妥善处理以冒名顶替或者弄虚作假的方式办理婚姻登记问题的指导意见》

一、人民法院办理当事人冒名顶替或者弄虚作假婚姻登记类行政案件，应当根据案情实际，以促进问题解决、维护当事人合法权益为目的，依法立案、审理并作出裁判。

人民法院对当事人冒名顶替或者弄虚作假办理婚姻登记类行政案件，应当结合具体案情依法认定起诉期限；对被冒名顶替者或者其他当事人不属于其自身的原因耽误起诉期限的，被耽误的时间不计算在起诉期限内，但最长不得超过《中华人民共和国行政诉讼法》第四十六条第二款规定的起诉期限。

人民法院对相关事实进行调查认定后认为应当撤销婚姻登记的，应当及时向民政部门发送撤销婚姻登记的司法建议书。

二、人民检察院办理当事人冒名顶替或者弄虚作假婚姻登记类行政诉讼监督案件，应当依法开展调查核实，认为人民法院生效行政裁判确有错误的，应当依法提出监督纠正意见。可以根据案件实际情况，开展行政争议实质性化解工作。发现相关个人涉嫌犯罪的，应当依法移送线索、监督立案查处。

人民检察院根据调查核实认定情况、监督情况，认为婚姻登记存在错误应当撤销的，应当及时向民政部门发送检察建议书。

三、公安机关应当及时受理当事人冒名顶替或者弄虚作假婚姻登记的报案、举报，有证据证明存在违法犯罪事实，符合立案条件的，应当依法立案侦查。经调查属实的，依法依规认定处理并出具相关证明材料。

四、民政部门对于当事人反映身份信息被他人冒用办理婚姻登记，或者婚姻登记的一方反映另一方系冒名顶替、弄虚作假骗取婚姻登记的，应当及时将有关线索转交公安、司法等部门，配合相关部门做好调查处理。

民政部门收到公安、司法等部门出具的事实认定相关证明、情况说明、司法建议书、检察建议书等证据材料，应当对相关情况进行审核，符合条件的及时撤销相关婚姻登记。

民政部门决定撤销或者更正婚姻登记的，应当将撤销或者更正婚姻登记决定书于作出之日起15个工作日内送达当事人及利害关系人，同时抄送人民法院、人民检察院或者公安机关。

民政部门作出撤销或者更正婚姻登记决定后，应当及时在婚姻登记管理信息系统中备注说明情况并在附件中上传决定书。同时参照婚姻登记档案管理相关规定存档保管相关文书和证据材料。

二、结婚登记篇

五、民政部门应当根据《关于对婚姻登记严重失信当事人开展联合惩戒的合作备忘录》等文件要求,及时将使用伪造、变造或者冒用他人身份证件,户口簿、无配偶证明及其他证件、证明材料办理婚姻登记的当事人纳入婚姻登记领域严重失信当事人名单,由相关部门进行联合惩戒。

六、本指导意见所指当事人包括:涉案婚姻登记行为记载的自然人,使用伪造、变造的身份证件或者冒用他人身份证件办理婚姻登记的自然人,被冒用身份证件的自然人,其他利害关系人。

5.《妇女权益保障法》

第六十二条　国家鼓励男女双方在结婚登记前,共同进行医学检查或者相关健康体检。

6.《母婴保健法》

第七条　医疗保健机构应当为公民提供婚前保健服务。

婚前保健服务包括下列内容:

(一)婚前卫生指导:关于性卫生知识、生育知识和遗传病知识的教育;

(二)婚前卫生咨询:对有关婚配、生育保健等问题提供医学意见;

(三)婚前医学检查:对准备结婚的男女双方可能患影响结婚和生育的疾病进行医学检查。

7.《母婴保健法实施办法》

第九条　母婴保健法第七条所称婚前卫生指导,包括下列事项:

(一)有关性卫生的保健和教育;

(二)新婚避孕知识及计划生育指导;

(三)受孕前的准备、环境和疾病对后代影响等孕前保健知识;

(四)遗传病的基本知识;

（五）影响婚育的有关疾病的基本知识；

（六）其他生殖健康知识。

医师进行婚前卫生咨询时，应当为服务对象提供科学的信息，对可能产生的后果进行指导，并提出适当的建议。

《民法典》【男女双方互为家庭成员】

第一千零五十条 登记结婚后，按照男女双方约定，女方可以成为男方家庭的成员，男方可以成为女方家庭的成员。

《民法典》【婚姻无效的情形】

第一千零五十一条 有下列情形之一的，婚姻无效：

（一）重婚；

（二）有禁止结婚的亲属关系；

（三）未到法定婚龄。

关联规定

1. 《民法典婚姻家庭编解释（一）》

第九条 有权依据民法典第一千零五十一条规定向人民法院就已办理结婚登记的婚姻请求确认婚姻无效的主体，包括婚姻当事人及利害关系人。其中，利害关系人包括：

（一）以重婚为由的，为当事人的近亲属及基层组织；

（二）以未到法定婚龄为由的，为未到法定婚龄者的近亲属；

（三）以有禁止结婚的亲属关系为由的，为当事人的近亲属。

第十条 当事人依据民法典第一千零五十一条规定向人民法院请求确认婚姻无效，法定的无效婚姻情形在提起诉讼时已经消失的，人民法院不予支持。

第十一条 人民法院受理请求确认婚姻无效案件后，原告申请撤诉的，不予准许。

对婚姻效力的审理不适用调解，应当依法作出判决。

涉及财产分割和子女抚养的，可以调解。调解达成协议的，另行制作调解书；未达成调解协议的，应当一并作出判决。

第十二条 人民法院受理离婚案件后，经审理确属无效婚姻的，应当将婚姻无效的情形告知当事人，并依法作出确认婚姻无效的判决。

第十三条 人民法院就同一婚姻关系分别受理了离婚和请求确认婚姻无效案件的，对于离婚案件的审理，应当待请求确认婚姻无效案件作出判决后进行。

第十四条 夫妻一方或者双方死亡后，生存一方或者利害关系人依据民法典第一千零五十一条的规定请求确认婚姻无效的，人民法院应当受理。

第十五条 利害关系人依据民法典第一千零五十一条的规定，请求人民法院确认婚姻无效的，利害关系人为原告，婚姻关系当事人双方为被告。

夫妻一方死亡的，生存一方为被告。

第十六条 人民法院审理重婚导致的无效婚姻案件时，涉及财产处理的，应当准许合法婚姻当事人作为有独立请求权的第三人参加诉讼。

第十七条 当事人以民法典第一千零五十一条规定的三种无效婚姻以外的情形请求确认婚姻无效的，人民法院应当判决驳回当事人的诉讼请求。

当事人以结婚登记程序存在瑕疵为由提起民事诉讼，主张撤销结婚登记的，告知其可以依法申请行政复议或者提起行政诉讼。

2.《民法典婚姻家庭编解释（二）》

第一条　当事人依据民法典第一千零五十一条第一项规定请求确认重婚的婚姻无效，提起诉讼时合法婚姻当事人已经离婚或者配偶已经死亡，被告以此为由抗辩后一婚姻自以上情形发生时转为有效的，人民法院不予支持。

第二条　夫妻登记离婚后，一方以双方意思表示虚假为由请求确认离婚无效的，人民法院不予支持。

《民法典》【受胁迫婚姻的撤销】

第一千零五十二条　因胁迫结婚的，受胁迫的一方可以向人民法院请求撤销婚姻。

请求撤销婚姻的，应当自胁迫行为终止之日起一年内提出。

被非法限制人身自由的当事人请求撤销婚姻的，应当自恢复人身自由之日起一年内提出。

关联规定

1.《民法典婚姻家庭编解释（一）》

第十八条　行为人以给另一方当事人或者其近亲属的生命、身体、健康、名誉、财产等方面造成损害为要挟，迫使另一方当事人违背真实意愿结婚的，可以认定为民法典第一千零五十二条所称的

"胁迫"。

因受胁迫而请求撤销婚姻的，只能是受胁迫一方的婚姻关系当事人本人。

第十九条 民法典第一千零五十二条规定的"一年"，不适用诉讼时效中止、中断或者延长的规定。

受胁迫或者被非法限制人身自由的当事人请求撤销婚姻的，不适用民法典第一百五十二条第二款的规定。

2.《婚姻登记条例》

第十二条 因胁迫结婚的，受胁迫的当事人可以依据民法典第一千零五十二条的规定向人民法院请求撤销婚姻。一方当事人患有重大疾病的，应当在结婚登记前如实告知另一方当事人；不如实告知的，另一方当事人可以依据民法典第一千零五十三条的规定向人民法院请求撤销婚姻。

《民法典》【隐瞒重大疾病的可撤销婚姻】

第一千零五十三条 一方患有重大疾病的，应当在结婚登记前如实告知另一方；不如实告知的，另一方可以向人民法院请求撤销婚姻。

请求撤销婚姻的，应当自知道或者应当知道撤销事由之日起一年内提出。

关联规定

1.《婚姻登记条例》

第十二条 因胁迫结婚的，受胁迫的当事人可以依据民法典第一千零五十二条的规定向人民法院请求撤销婚姻。一方当事人患有重大疾病的,应当在结婚登记前如实告知另一方当事人;不如实告知的,另一方当事人可以依据民法典第一千零五十三条的规定向人民法院请求撤销婚姻。

2.《婚姻登记工作规范》

第七十一条　撤销婚姻登记按照审查—告知—决定—送达—归档的程序办理。

第七十二条　审查撤销婚姻登记的条件:

(一)婚姻登记机关为原办理该婚姻登记的机关,属于该婚姻登记机关职能范围;

(二)公安、司法等部门出具的事实认定相关证明、情况说明、司法建议书、检察建议书等证据材料;

(三)符合法律法规规定的其他情形。

第七十三条　在收到公安、司法等部门出具的事实认定相关证明、情况说明、司法建议书、检察建议书等证据材料后,原办理婚姻登记的机关应当依法启动撤销婚姻登记程序,结合婚姻登记信息管理系统数据、婚姻历史档案以及当事人举证材料对相关情况进行审核,符合条件的撤销相关婚姻登记行政行为。

第七十四条　经审查符合第七十二条规定条件的,撤销婚姻登记的由婚姻登记处起草《关于撤销×××与×××婚姻登记的告知书》(见附件21)[①]报批材料,报所属民政部门。符合撤销条件的,民政部门应当批准,并依法送达当事人及利害关系人。

对下落不明或无法查找到当事人的,可依法发布《关于撤销×××与×××婚姻登记的告知书送达公告》(见附件22),一般公告期限为10日,公告期满后即为送达。

[①]　附件略,下同。

第七十五条 《关于撤销×××与×××婚姻登记的告知书》依法送达15日内，无当事人或利害关系人提出异议的，由民政部门制作《关于撤销×××与×××婚姻登记的决定》（以下简称"决定书"，见附件23），并于作出决定之日起15个工作日内依法送达当事人及利害关系人，同时抄送人民法院、人民检察院或者公安机关。

对下落不明或无法查找到当事人的，可依法发布《关于撤销×××与×××婚姻登记的决定送达公告》（见附件24），一般公告期限为10日，公告期满后即为送达。

采取直接送达、邮寄送达、委托送达、电子送达、公告送达等方式，严格规范送达，确保程序公正，并填写《送达回证》（见附件25）。

第七十六条 婚姻登记机关在撤销婚姻登记决定生效后，应当及时在婚姻登记管理信息系统中备注说明情况，并在附件中上传决定书，不得删除婚姻登记系统中的原始登记信息。同时参照婚姻登记档案管理相关规定存档保管相关文书和证据材料。

典型案例

1. 林某诉张某撤销婚姻纠纷案[①]

（一）典型意义

本案是依法适用民法典相关规定判决撤销婚姻的典型案例。对于一方患有重大疾病，未在结婚登记前如实告知另一方的情形，民法典明确另一方可以向人民法院请求撤销婚姻。本案中，人民法院依法适用民法典相关规定，判决撤销双方的婚姻关系，不仅有效保护了案件中无过错方的合法权益，也符合社会大众对公平正义、诚

---

① 参见《人民法院贯彻实施民法典典型案例（第二批）》，载最高人民法院官网，https://www.court.gov.cn/zixun/xiangqing/386521.html，2025年4月16日访问。

实信用的良好期待，弘扬了社会主义核心价值观。

（二）基本案情

林某和张某经人介绍相识，于2020年6月28日登记结婚。在登记之后，张某向林某坦白其患有艾滋病多年，并且长期吃药。2020年7月，林某被迫人工终止妊娠。2020年10月，林某提起诉讼要求宣告婚姻无效。诉讼中，林某明确若婚姻无效不能成立，则请求撤销婚姻，对此，张某亦无异议。

（三）裁判结果

生效裁判认为，自然人依法享有缔结婚姻等合法权益，张某虽患有艾滋病，但不属于婚姻无效的情形。林某又提出撤销婚姻的请求，张某对此亦无异议，为减少当事人讼累，人民法院一并予以处理。张某所患疾病对婚姻生活有重大影响，属于婚前应告知林某的重大疾病，但张某未在结婚登记前告知林某，显属不当。故依照民法典第一千零五十三条的规定，判决撤销林某与张某的婚姻关系。判决后，双方均未上诉。

（四）民法典条文指引

第一千零五十三条 一方患有重大疾病的，应当在结婚登记前如实告知另一方；不如实告知的，另一方可以向人民法院请求撤销婚姻。

请求撤销婚姻的，应当自知道或者应当知道撤销事由之日起一年内提出。

2. 岳某某诉罗某撤销婚姻纠纷案[1]
——夫妻一方患有艾滋病但未在婚前如实告知另一方的，
另一方可以请求法院撤销婚姻关系

关键词

民事　撤销婚姻　重大疾病　传染病　告知义务

基本案情

岳某某与罗某于2020年经人介绍认识，次年2月登记结婚，婚前未进行医学检查。岳某某因于2023年11月某日从罗某包中翻找出"拉米夫定片"等药品，经询问，罗某承认其为艾滋病患者，此前隐瞒了该事实与岳某某登记结婚。岳某某认为，罗某在婚前一直隐瞒患有艾滋病事实，违反《中华人民共和国民法典》及《中华人民共和国母婴保健法》的相关规定，严重侵害岳某某的合法权益，故于2024年8月26日诉至法院，请求判令：撤销双方婚姻关系。

罗某认可岳某某主张的事实。

四川省雅安市雨城区人民法院于2024年9月19日作出（2024）川1802民初3553号民事判决：撤销岳某某与罗某的婚姻关系。宣判后，双方均未提起上诉，该判决已发生法律效力。

裁判理由

法院生效裁判认为：本案争议焦点是岳某某以罗某婚前隐瞒患有艾滋病为由诉请撤销双方婚姻关系的主张应否支持。民法典第一千零五十三条第一款规定："夫妻一方患有重大疾病的，应当在结婚登记前如实告知另一方；不如实告知的，另一方可以向人民法院请求撤销婚姻。"母婴保健法第八条规定："婚前医学检查包括

---

[1]　人民法院案例库入库编号：2024-07-2-018-001，2025年5月14日访问。

对下列疾病的检查：（一）严重遗传性疾病；（二）指定传染病；（三）有关精神病。经婚前医学检查，医疗保健机构应当出具婚前医学检查证明。"第三十八条规定："本法下列用语的含义：指定传染病，是指《中华人民共和国传染病防治法》中规定的艾滋病、淋病、梅毒、麻疯病以及医学上认为影响结婚和生育的其他传染病……"据此，罗某所患艾滋病属于母婴保健法规定的指定传染病及民法典第一千零五十三条规定的"重大疾病"。

为了促使当事人及时行使权利和尽早结束婚姻法律关系不稳定的状态，法律对一方当事人行使撤销权的期限进行了限制。民法典第一千零五十三条第二款规定："请求撤销婚姻的，应当自知道或者应当知道撤销事由之日起一年内提出。"本案中，因罗某婚前隐瞒本案患病事实，岳某某于2023年11月方知晓该撤销婚姻关系的法定事由并于2024年8月26日向人民法院提起诉讼，并未超出婚姻关系撤销权的法定行使期限。

综上，罗某患有民法典第一千零五十三条规定的"重大疾病"未在结婚登记前向岳某某如实告知，岳某某在知晓该撤销事由后一年内诉请人民法院撤销双方婚姻关系，应予支持。故法院依法作出如上裁判。

裁判要旨

夫妻一方患有艾滋病等影响结婚、生育的重大疾病，但未在结婚登记前如实告知另一方，另一方在知道或应当知道该撤销事由之日起一年内起诉撤销双方婚姻关系的，人民法院应予支持。

关联索引

《中华人民共和国民法典》第1053条

一审：四川省雅安市雨城区人民法院（2024）川1802民初3553号民事判决（2024年9月19日）

《民法典》【婚姻无效或被撤销的法律后果】

第一千零五十四条 无效的或者被撤销的婚姻自始没有法律约束力，当事人不具有夫妻的权利和义务。同居期间所得的财产，由当事人协议处理；协议不成的，由人民法院根据照顾无过错方的原则判决。对重婚导致的无效婚姻的财产处理，不得侵害合法婚姻当事人的财产权益。当事人所生的子女，适用本法关于父母子女的规定。

婚姻无效或者被撤销的，无过错方有权请求损害赔偿。

关联规定

《民法典婚姻家庭编解释（一）》

第二十条 民法典第一千零五十四条所规定的"自始没有法律约束力"，是指无效婚姻或者可撤销婚姻在依法被确认无效或者被撤销时，才确定该婚姻自始不受法律保护。

第二十一条 人民法院根据当事人的请求，依法确认婚姻无效或者撤销婚姻的，应当收缴双方的结婚证书并将生效的判决书寄送当地婚姻登记管理机关。

第二十二条 被确认无效或者被撤销的婚姻，当事人同居期间所得的财产，除有证据证明为当事人一方所有的以外，按共同共有处理。

三、家庭生活篇

（一）夫妻关系

《民法典》【夫妻平等】

第一千零五十五条 夫妻在婚姻家庭中地位平等。

《民法典》【夫妻姓名权】

第一千零五十六条 夫妻双方都有各自使用自己姓名的权利。

《民法典》【夫妻人身自由权】

第一千零五十七条 夫妻双方都有参加生产、工作、学习和社会活动的自由，一方不得对另一方加以限制或者干涉。

《民法典》【夫妻抚养、教育和保护子女的权利义务平等】

第一千零五十八条 夫妻双方平等享有对未成年子女抚养、教育和保护的权利，共同承担对未成年子女抚养、教育和保护的义务。

■ 关联规定

1. 《妇女权益保障法》

第七十条 父母双方对未成年子女享有平等的监护权。

父亲死亡、无监护能力或者有其他情形不能担任未成年子女的监护人的，母亲的监护权任何组织和个人不得干涉。

2. 《母婴保健法》

第十四条 医疗保健机构应当为育龄妇女和孕产妇提供孕产期保健服务。

孕产期保健服务包括下列内容：

（一）母婴保健指导：对孕育健康后代以及严重遗传性疾病和碘缺乏病等地方病的发病原因、治疗和预防方法提供医学意见；

（二）孕妇、产妇保健：为孕妇、产妇提供卫生、营养、心理等方面的咨询和指导以及产前定期检查等医疗保健服务；

（三）胎儿保健：为胎儿生长发育进行监护，提供咨询和医学指导；

（四）新生儿保健：为新生儿生长发育、哺乳和护理提供医疗保健服务。

第十五条 对患严重疾病或者接触致畸物质，妊娠可能危及孕妇生命安全或者可能严重影响孕妇健康和胎儿正常发育的，医疗保健机构应当予以医学指导。

第十六条 医师发现或者怀疑患严重遗传性疾病的育龄夫妻，应当提出医学意见。育龄夫妻应当根据医师的医学意见采取相应的措施。

第十七条 经产前检查，医师发现或者怀疑胎儿异常的，应当对孕妇进行产前诊断。

第十八条 经产前诊断，有下列情形之一的，医师应当向夫妻双方说明情况，并提出终止妊娠的医学意见：

（一）胎儿患严重遗传性疾病的；

（二）胎儿有严重缺陷的；

（三）因患严重疾病，继续妊娠可能危及孕妇生命安全或者严重危害孕妇健康的。

第十九条 依照本法规定施行终止妊娠或者结扎手术，应当经本人同意，并签署意见。本人无行为能力的，应当经其监护人同意，并签署意见。

依照本法规定施行终止妊娠或者结扎手术的，接受免费服务。

第二十条 生育过严重缺陷患儿的妇女再次妊娠前，夫妻双方应当到县级以上医疗保健机构接受医学检查。

第二十一条 医师和助产人员应当严格遵守有关操作规程，提高助产技术和服务质量，预防和减少产伤。

第二十二条 不能住院分娩的孕妇应当由经过培训、具备相应接生能力的接生人员实行消毒接生。

第二十三条 医疗保健机构和从事家庭接生的人员按照国务院卫生行政部门的规定，出具统一制发的新生儿出生医学证明；有产妇和婴儿死亡以及新生儿出生缺陷情况的，应当向卫生行政部门报告。

第二十四条 医疗保健机构为产妇提供科学育儿、合理营养和母乳喂养的指导。

医疗保健机构对婴儿进行体格检查和预防接种，逐步开展新生儿疾病筛查、婴儿多发病和常见病防治等医疗保健服务。

3.《母婴保健法实施办法》

第十七条 医疗、保健机构应当为育龄妇女提供有关避孕、节育、生育、不育和生殖健康的咨询和医疗保健服务。

医师发现或者怀疑育龄夫妻患有严重遗传性疾病的，应当提出医学意见；限于现有医疗技术水平难以确诊的，应当向当事人说明情况。育龄夫妻可以选择避孕、节育、不孕等相应的医学措施。

第十八条　医疗、保健机构应当为孕产妇提供下列医疗保健服务：

（一）为孕产妇建立保健手册（卡），定期进行产前检查；

（二）为孕产妇提供卫生、营养、心理等方面的医学指导与咨询；

（三）对高危孕妇进行重点监护、随访和医疗保健服务；

（四）为孕产妇提供安全分娩技术服务；

（五）定期进行产后访视，指导产妇科学喂养婴儿；

（六）提供避孕咨询指导和技术服务；

（七）对产妇及其家属进行生殖健康教育和科学育儿知识教育；

（八）其他孕产期保健服务。

第十九条　医疗、保健机构发现孕妇患有下列严重疾病或者接触物理、化学、生物等有毒、有害因素，可能危及孕妇生命安全或者可能严重影响孕妇健康和胎儿正常发育的，应当对孕妇进行医学指导和下列必要的医学检查：

（一）严重的妊娠合并症或者并发症；

（二）严重的精神性疾病；

（三）国务院卫生行政部门规定的严重影响生育的其他疾病。

第二十条　孕妇有下列情形之一的，医师应当对其进行产前诊断：

（一）羊水过多或者过少的；

（二）胎儿发育异常或者胎儿有可疑畸形的；

（三）孕早期接触过可能导致胎儿先天缺陷的物质的；

（四）有遗传病家族史或者曾经分娩过先天性严重缺陷婴儿的；

（五）初产妇年龄超过 35 周岁的。

第二十一条　母婴保健法第十八条规定的胎儿的严重遗传性疾病、胎儿的严重缺陷、孕妇患继续妊娠可能危及其生命健康和安全的严重疾病目录，由国务院卫生行政部门规定。

第二十二条　生育过严重遗传性疾病或者严重缺陷患儿的，再次妊娠前，夫妻双方应当按照国家有关规定到医疗、保健机构进行医学检查。医疗、保健机构应当向当事人介绍有关遗传性疾病的知识，给予咨询、指导。对诊断患有医学上认为不宜生育的严重遗传性疾病的，医师应当向当事人说明情况，并提出医学意见。

第二十三条　严禁采用技术手段对胎儿进行性别鉴定。

对怀疑胎儿可能为伴性遗传病，需要进行性别鉴定的，由省、自治区、直辖市人民政府卫生行政部门指定的医疗、保健机构按照国务院卫生行政部门的规定进行鉴定。

第二十四条　国家提倡住院分娩。医疗、保健机构应当按照国务院卫生行政部门制定的技术操作规范，实施消毒接生和新生儿复苏，预防产伤及产后出血等产科并发症，降低孕产妇及围产儿发病率、死亡率。

没有条件住院分娩的，应当由经过培训、具备相应接生能力的家庭接生人员接生。

高危孕妇应当在医疗、保健机构住院分娩。

县级人民政府卫生行政部门应当加强对家庭接生人员的培训、技术指导和监督管理。

第二十五条　医疗、保健机构应当按照国家有关规定开展新生儿先天性、遗传性代谢病筛查、诊断、治疗和监测。

第二十六条　医疗、保健机构应当按照规定进行新生儿访视，建立儿童保健手册（卡），定期对其进行健康检查，提供有关预防疾病、合理膳食、促进智力发育等科学知识，做好婴儿多发病、常见病防治等医疗保健服务。

第二十七条 医疗、保健机构应当按照规定的程序和项目对婴儿进行预防接种。

婴儿的监护人应当保证婴儿及时接受预防接种。

第二十八条 国家推行母乳喂养。医疗、保健机构应当为实施母乳喂养提供技术指导,为住院分娩的产妇提供必要的母乳喂养条件。

医疗、保健机构不得向孕产妇和婴儿家庭宣传、推荐母乳代用品。

第二十九条 母乳代用品产品包装标签应当在显著位置标明母乳喂养的优越性。

母乳代用品生产者、销售者不得向医疗、保健机构赠送产品样品或者以推销为目的有条件地提供设备、资金和资料。

第三十条 妇女享有国家规定的产假。有不满 1 周岁婴儿的妇女,所在单位应当在劳动时间内为其安排一定的哺乳时间。

典型案例

指导性案例 228 号:张某诉李某、刘某监护权纠纷案[①]

关键词

民事/监护权/未成年人/婚姻关系存续期间/平等监护权

裁判要点

1. 在夫妻双方分居期间,一方或者其近亲属擅自带走未成年子女,致使另一方无法与未成年子女相见的,构成对另一方因履行监护职责所产生的权利的侵害。

2. 对夫妻双方分居期间的监护权纠纷,人民法院可以参照适

[①] 最高人民法院审判委员会讨论通过,2024 年 5 月 30 日发布。

用民法典关于离婚后子女抚养的有关规定，暂时确定未成年子女的抚养事宜，并明确暂时直接抚养未成年子女的一方有协助对方履行监护职责的义务。

基本案情

张某（女）与李某于 2019 年 5 月登记结婚，婚后在河北省保定市某社区居住。双方于 2020 年 11 月生育一女，取名李某某。2021 年 4 月 19 日起，张某与李某开始分居，后协议离婚未果。同年 7 月 7 日，李某某之父李某及祖母刘某在未经李某某之母张某允许的情况下擅自将李某某带走，回到河北省定州市某村。此时李某某尚在哺乳期内，张某多次要求探望均被李某拒绝。张某遂提起离婚诉讼，法院于 2022 年 1 月 13 日判决双方不准离婚。虽然双方婚姻关系依旧存续，但已实际分居，其间李某某与李某、刘某共同生活，张某长期未能探望孩子。2022 年 1 月 5 日，张某以监护权纠纷为由提起诉讼，请求判令李某、刘某将李某某送回，并由自己依法继续行使对李某某的监护权。

裁判结果

河北省定州市人民法院于 2022 年 3 月 22 日作出民事判决：驳回原告张某的诉讼请求。宣判后，张某不服，提起上诉，河北省保定市中级人民法院于 2022 年 7 月 13 日作出民事判决：一、撤销河北省定州市人民法院一审民事判决；二、李某某暂由上诉人张某直接抚养；三、被上诉人李某可探望李某某，上诉人张某对被上诉人李某探望李某某予以协助配合。

裁判理由

本案的争议焦点是：李某某之父李某、祖母刘某擅自带走李某某的行为是否构成侵权，以及如何妥善处理夫妻双方虽处于婚姻关系存续期间但已实际分居时，李某某的抚养监护问题。

第一，关于李某某之父李某、祖母刘某擅自带走李某某的行为是否对李某某之母张某构成侵权。民法典第三十四条第二款规定："监护人依法履行监护职责产生的权利，受法律保护。"第一千零五十八条规定："夫妻双方平等享有对未成年子女抚养、教育和保护的权利，共同承担对未成年子女抚养、教育和保护的义务。"父母是未成年子女的监护人，双方平等享有对未成年子女抚养、教育和保护的权利。本案中，李某、刘某擅自将尚在哺乳期的李某某带走，并拒绝将李某某送回张某身边，致使张某长期不能探望孩子，亦导致李某某被迫中断母乳、无法得到母亲的呵护。李某和刘某的行为不仅不利于未成年人身心健康，也构成对张某因履行监护职责所产生的权利的侵害。一审法院以张某没有证据证明李某未抚养保护好李某某为由，判决驳回诉讼请求，系适用法律不当。

第二，关于婚姻关系存续期间，李某某的抚养监护应当如何处理。本案中，李某某自出生起直至被父亲李某、祖母刘某带走前，一直由其母亲张某母乳喂养，至诉前未满两周岁，属于低幼龄未成年人。尽管父母对孩子均有平等的监护权，但监护权的具体行使应符合最有利于被监护人的原则。现行法律和司法解释对于婚内监护权的行使虽无明确具体规定，考虑到双方当事人正处于矛盾较易激化的分居状态，为最大限度保护未成年子女的利益，参照民法典第一千零八十四条"离婚后，不满两周岁的子女，以由母亲直接抚养为原则"的规定，李某某暂由张某直接抚养为宜。张某在直接抚养李某某期间，应当对李某探望李某某给予协助配合。

相关法条

《中华人民共和国民法典》第 34 条、第 1058 条、第 1084 条、第 1086 条

《中华人民共和国未成年人保护法》第 4 条、第 24 条

《民法典》 【夫妻扶养义务】

第一千零五十九条 夫妻有相互扶养的义务。

需要扶养的一方,在另一方不履行扶养义务时,有要求其给付扶养费的权利。

《民法典》 【夫妻日常家事代理权】

第一千零六十条 夫妻一方因家庭日常生活需要而实施的民事法律行为,对夫妻双方发生效力,但是夫妻一方与相对人另有约定的除外。

夫妻之间对一方可以实施的民事法律行为范围的限制,不得对抗善意相对人。

《民法典》 【夫妻遗产继承权】

第一千零六十一条 夫妻有相互继承遗产的权利。

《民法典》 【夫妻共同财产】

第一千零六十二条 夫妻在婚姻关系存续期间所得的下列财产,为夫妻的共同财产,归夫妻共同所有:

(一)工资、奖金、劳务报酬;

（二）生产、经营、投资的收益；

（三）知识产权的收益；

（四）继承或者受赠的财产，但是本法第一千零六十三条第三项规定的除外；

（五）其他应当归共同所有的财产。

夫妻对共同财产，有平等的处理权。

关联规定

1.《民法典婚姻家庭编解释（一）》

第二十四条 民法典第一千零六十二条第一款第三项规定的"知识产权的收益"，是指婚姻关系存续期间，实际取得或者已经明确可以取得的财产性收益。

第二十五条 婚姻关系存续期间，下列财产属于民法典第一千零六十二条规定的"其他应当归共同所有的财产"：

（一）一方以个人财产投资取得的收益；

（二）男女双方实际取得或者应当取得的住房补贴、住房公积金；

（三）男女双方实际取得或者应当取得的基本养老金、破产安置补偿费。

第二十六条 夫妻一方个人财产在婚后产生的收益，除孳息和自然增值外，应认定为夫妻共同财产。

第二十七条 由一方婚前承租、婚后用共同财产购买的房屋，登记在一方名下的，应当认定为夫妻共同财产。

第二十八条 一方未经另一方同意出售夫妻共同所有的房屋，

第三人善意购买、支付合理对价并已办理不动产登记，另一方主张追回该房屋的，人民法院不予支持。

夫妻一方擅自处分共同所有的房屋造成另一方损失，离婚时另一方请求赔偿损失的，人民法院应予支持。

第二十九条 当事人结婚前，父母为双方购置房屋出资的，该出资应当认定为对自己子女个人的赠与，但父母明确表示赠与双方的除外。

当事人结婚后，父母为双方购置房屋出资的，依照约定处理；没有约定或者约定不明确的，按照民法典第一千零六十二条第一款第四项规定的原则处理。

2.《民法典婚姻家庭编解释（二）》

第十一条 夫妻一方以另一方可继承的财产为夫妻共同财产、放弃继承侵害夫妻共同财产利益为由主张另一方放弃继承无效的，人民法院不予支持，但有证据证明放弃继承导致放弃一方不能履行法定扶养义务的除外。

第十五条 父母双方以法定代理人身份处分用夫妻共同财产购买并登记在未成年子女名下的房屋后，又以违反民法典第三十五条规定损害未成年子女利益为由向相对人主张该民事法律行为无效的，人民法院不予支持。

3.《妇女权益保障法》

第六十六条 妇女对夫妻共同财产享有与其配偶平等的占有、使用、收益和处分的权利，不受双方收入状况等情形的影响。

对夫妻共同所有的不动产以及可以联名登记的动产，女方有权要求在权属证书上记载其姓名；认为记载的权利人、标的物、权利比例等事项有错误的，有权依法申请更正登记或者异议登记，有关机构应当按照其申请依法办理相应登记手续。

《民法典》【夫妻个人财产】

第一千零六十三条 下列财产为夫妻一方的个人财产：
（一）一方的婚前财产；
（二）一方因受到人身损害获得的赔偿或者补偿；
（三）遗嘱或者赠与合同中确定只归一方的财产；
（四）一方专用的生活用品；
（五）其他应当归一方的财产。

关联规定

《民法典婚姻家庭编解释（一）》

第三十条 军人的伤亡保险金、伤残补助金、医药生活补助费属于个人财产。

第三十一条 民法典第一千零六十三条规定为夫妻一方的个人财产，不因婚姻关系的延续而转化为夫妻共同财产。但当事人另有约定的除外。

第三十二条 婚前或者婚姻关系存续期间，当事人约定将一方所有的房产赠与另一方或者共有，赠与方在赠与房产变更登记之前撤销赠与，另一方请求判令继续履行的，人民法院可以按照民法典第六百五十八条的规定处理。

《民法典》【夫妻共同债务】

第一千零六十四条 夫妻双方共同签名或者夫妻一方事后追认等共同意思表示所负的债务，以及夫妻一方在婚姻关系存续期间以个人名义为家庭日常生活需要所负的债务，属于夫妻共同债务。

夫妻一方在婚姻关系存续期间以个人名义超出家庭日常生活需要所负的债务，不属于夫妻共同债务；但是，债权人能够证明该债务用于夫妻共同生活、共同生产经营或者基于夫妻双方共同意思表示的除外。

关联规定

《民法典婚姻家庭编解释（一）》

第三十三条 债权人就一方婚前所负个人债务向债务人的配偶主张权利的，人民法院不予支持。但债权人能够证明所负债务用于婚后家庭共同生活的除外。

第三十四条 夫妻一方与第三人串通，虚构债务，第三人主张该债务为夫妻共同债务的，人民法院不予支持。

夫妻一方在从事赌博、吸毒等违法犯罪活动中所负债务，第三人主张该债务为夫妻共同债务的，人民法院不予支持。

第三十五条 当事人的离婚协议或者人民法院生效判决、裁定、调解书已经对夫妻财产分割问题作出处理的，债权人仍有权就夫妻共同债务向男女双方主张权利。

一方就夫妻共同债务承担清偿责任后，主张由另一方按照离婚协议或者人民法院的法律文书承担相应债务的，人民法院应予支持。

第三十六条　夫或者妻一方死亡的，生存一方应当对婚姻关系存续期间的夫妻共同债务承担清偿责任。

《民法典》【夫妻约定财产制】

第一千零六十五条　男女双方可以约定婚姻关系存续期间所得的财产以及婚前财产归各自所有、共同所有或者部分各自所有、部分共同所有。约定应当采用书面形式。没有约定或者约定不明确的，适用本法第一千零六十二条、第一千零六十三条的规定。

夫妻对婚姻关系存续期间所得的财产以及婚前财产的约定，对双方具有法律约束力。

夫妻对婚姻关系存续期间所得的财产约定归各自所有，夫或者妻一方对外所负的债务，相对人知道该约定的，以夫或者妻一方的个人财产清偿。

关联规定

《民法典婚姻家庭编解释（一）》

第三十七条　民法典第一千零六十五条第三款所称"相对人知道该约定的"，夫妻一方对此负有举证责任。

典型案例

崔某某与陈某某离婚纠纷案[1]
——一方在结婚后将其婚前房产为另一方"加名",离婚分割夫妻共同财产时,人民法院可以判决房屋归给予方所有,并综合考虑共同生活情况等因素合理补偿对方

【基本案情】

崔某某与陈某某(男)于2009年1月登记结婚。2009年2月,陈某某将其婚前购买的房屋转移登记至崔某某、陈某某双方名下。陈某某为再婚,与前妻育有一女陈某。崔某某与陈某某结婚时,陈某15岁,平时住校,周末及假期回家居住。崔某某与陈某某未生育子女。2020年,双方因家庭矛盾分居,崔某某提起本案诉讼,请求判决其与陈某某离婚,并由陈某某向其支付房屋折价款250万元。陈某某辩称,因崔某某与其女儿陈某关系紧张,超出其可忍受范围,双方感情已破裂,同意离婚。崔某某对房屋产权的取得没有贡献,而且,婚后陈某某的银行卡一直由崔某某保管,家庭开销均由陈某某负担,故只同意支付100万元补偿款。诉讼中,双方均认可案涉房屋市场价值600万元。

【裁判结果】

审理法院认为,崔某某与陈某某因生活琐事及与对方家人矛盾较深,以致感情破裂,双方一致同意解除婚姻关系,与法不悖,予以准许。案涉房屋系陈某某婚前财产,陈某某于婚后为崔某某"加名"系对个人财产的处分,该房屋现登记为共同共有,应作为夫妻共同财产予以分割。至于双方争议的房屋分割比例,该房屋原为陈

---

[1] 参见《涉婚姻家庭纠纷典型案例》,载最高人民法院官网,https://www.court.gov.cn/zixun/xiangqing/452761.html,2025年4月22日访问,案例标题有微调。

某某婚前个人财产，崔某某对房屋产权的取得无贡献，但考虑到双方婚姻已存续十余年，结合双方对家庭的贡献以及双方之间的资金往来情况，酌定崔某某可分得房屋折价款 120 万元。该判决作出后，双方均未提出上诉，判决已发生法律效力。

【典型意义】

根据民法典第 1065 条规定，男女双方可以约定婚姻关系存续期间所得的财产以及婚前财产归各自所有、共同所有或者部分各自所有、部分共同所有。夫妻对婚姻关系存续期间所得的财产以及婚前财产的约定，对双方具有法律约束力。婚姻关系存续期间，夫妻一方将其个人所有的婚前财产变更为夫妻共同所有，该种给予行为一般是以建立、维持婚姻关系的长久稳定并期望共同享有房产利益为基础。离婚分割夫妻共同财产时，应当根据诚实信用原则妥善平衡双方利益。本案中，双方共同生活时间较长，但婚后给予方负担了较多的家庭开销，人民法院综合考虑共同生活情况、双方对家庭的贡献、房屋市场价格等因素，判决房屋归给予方所有，并酌定给予方补偿对方 120 万元，既保护了给予方的财产权益，也肯定了接受方对家庭付出的价值，较为合理。

《民法典》【婚内分割夫妻共同财产】

第一千零六十六条 婚姻关系存续期间，有下列情形之一的，夫妻一方可以向人民法院请求分割共同财产：

（一）一方有隐藏、转移、变卖、毁损、挥霍夫妻共同财产或者伪造夫妻共同债务等严重损害夫妻共同财产利益的行为；

(二)一方负有法定扶养义务的人患重大疾病需要医治,另一方不同意支付相关医疗费用。

关联规定

1.《民法典婚姻家庭编解释(一)》

第三十八条 婚姻关系存续期间,除民法典第一千零六十六条规定情形以外,夫妻一方请求分割共同财产的,人民法院不予支持。

2.《民法典婚姻家庭编解释(二)》

第六条 夫妻一方未经另一方同意,在网络直播平台用夫妻共同财产打赏,数额明显超出其家庭一般消费水平,严重损害夫妻共同财产利益的,可以认定为民法典第一千零六十六条和第一千零九十二条规定的"挥霍"。另一方请求在婚姻关系存续期间分割夫妻共同财产,或者在离婚分割夫妻共同财产时请求对打赏一方少分或者不分的,人民法院应予支持。

第七条 夫妻一方为重婚、与他人同居以及其他违反夫妻忠实义务等目的,将夫妻共同财产赠与他人或者以明显不合理的价格处分夫妻共同财产,另一方主张该民事法律行为违背公序良俗无效的,人民法院应予支持并依照民法典第一百五十七条规定处理。

夫妻一方存在前款规定情形,另一方以该方存在转移、变卖夫妻共同财产行为,严重损害夫妻共同财产利益为由,依据民法典第一千零六十六条规定请求在婚姻关系存续期间分割夫妻共同财产,或者依据民法典第一千零九十二条规定请求在离婚分割夫妻共同财产时对该方少分或者不分的,人民法院应予支持。

（二）亲子关系

《民法典》【父母与子女间的抚养赡养义务】

第一千零六十七条　父母不履行抚养义务的，未成年子女或者不能独立生活的成年子女，有要求父母给付抚养费的权利。

成年子女不履行赡养义务的，缺乏劳动能力或者生活困难的父母，有要求成年子女给付赡养费的权利。

关联规定

《民法典婚姻家庭编解释（一）》

第三十九条　父或者母向人民法院起诉请求否认亲子关系，并已提供必要证据予以证明，另一方没有相反证据又拒绝做亲子鉴定的，人民法院可以认定否认亲子关系一方的主张成立。

父或者母以及成年子女起诉请求确认亲子关系，并提供必要证据予以证明，另一方没有相反证据又拒绝做亲子鉴定的，人民法院可以认定确认亲子关系一方的主张成立。

第四十条　婚姻关系存续期间，夫妻双方一致同意进行人工授精，所生子女应视为婚生子女，父母子女间的权利义务关系适用民法典的有关规定。

第四十一条　尚在校接受高中及其以下学历教育，或者丧失、部分丧失劳动能力等非因主观原因而无法维持正常生活的成年子女，可以认定为民法典第一千零六十七条规定的"不能独立生活的成年子女"。

第四十二条　民法典第一千零六十七条所称"抚养费"，包括子女生活费、教育费、医疗费等费用。

第四十三条 婚姻关系存续期间,父母双方或者一方拒不履行抚养子女义务,未成年子女或者不能独立生活的成年子女请求支付抚养费的,人民法院应予支持。

典型案例

1. 王某静诉史某华抚养费纠纷案[①]
——接受大学及以上学历教育的成年子女主张抚养费的,一般不予支持

关键词

民事 抚养 离婚 成年子女 抚养费 大学 硕士

基本案情

王某静和史某华系母女关系,王某静系史某华之女。王某静2020年大学本科毕业于国内某公立大学公共事业管理专业,2023年年初去国外攻读硕士学位。史某华与王某静父亲王某庆于2023年2月21日经法院调解离婚,离婚协议约定王某庆名下某小区11幢20*室西户归儿子王某兴所有,12幢四层1#门市房产一套归王某庆所有;另一小区门市房产一套归史某华所有。王某静认为离婚协议未涉及王某静的生活费、学费等各项费用,虽已年满18周岁,但仍在国外攻读硕士学位,没有经济来源,无法独立支付生活费、学费等各项费用,且其父亲王某庆系下岗职工,经济条件有限。故王某静诉至法院,请求判令:1.史某华每年支付王某静生活费、学费等各项费用40000元;2.诉讼费及其他涉案费用均由史某华承担。被告史某华辩称没有钱支付上述款项,自己亦有欠款未还。

[①] 人民法院案例库入库编号:2024-07-2-022-001,2025年5月14日访问。

山东省巨野县人民法院于 2023 年 9 月 5 日作出（2023）鲁 1724 民初 4695 号民事判决：驳回王某静的诉讼请求。宣判后，双方均未提起上诉，判决已发生法律效力。

裁判理由

法院生效裁判认为：《中华人民共和国民法典》第一千零六十七条第一款规定："父母不履行抚养义务的，未成年子女或者不能独立生活的成年子女，有要求父母给付抚养费的权利。"《最高人民法院关于适用〈中华人民共和国民法典〉婚姻家庭编的解释（一）》第四十一条规定："尚在校接受高中及其以下学历教育，或者丧失、部分丧失劳动能力等非因主观原因而无法维持正常生活的成年子女，可以认定为民法典第一千零六十七条规定的'不能独立生活的成年子女'。"本案中，王某静 2020 年大学本科毕业，现二十五岁，2023 年初开始在国外攻读硕士学位，无丧失或未完全丧失劳动能力等非主观原因而无法维持正常生活的情形存在，不属于"不能独立生活的成年子女"，故王某静要求史某华每年支付生活费、学费等各项费用 40000 元，于法无据，法院不予支持。此外，原告作为在读硕士研究生应学会生存与独立，可通过减、免、助、贷、奖等渠道，或勤工俭学等方式来完成学业。

裁判要旨

父母对未成年子女或者不能独立生活的成年子女有付给抚养费的法定义务。其中，"不能独立生活的成年子女"是指尚在校接受高中及其以下学历教育，或者丧失、部分丧失劳动能力等非因主观原因而无法维持正常生活的成年子女。接受大学及以上学历教育的成年子女主张抚养费的，一般不予支持。

关联索引

《中华人民共和国民法典》第 1067 条第 1 款

《最高人民法院关于适用〈中华人民共和国民法典〉婚姻家庭

编的解释（一）》（法释〔2020〕22号）第41条

一审：山东省巨野县人民法院（2023）鲁1724民初4695号民事判决（2023年9月5日）

2. 王小某诉王某抚养费纠纷案[①]
——离婚是否为子女主张抚养费的前置条件

关键词

民事　抚养费　抚养　离婚　前置条件

基本案情

原告王小某诉称：王小某（系化名）与王某系父子关系，2009年8月28日王小某出生。在王小某成长过程中，其开销一直由母亲张某承担，父亲王某在经济上没有承担王小某的抚养费，生活上也没有对王小某给予照顾、关心和教育，没有尽到作为父亲的抚养和教育责任。故诉请王某按照每月3082元的标准支付自2016年1月1日至王小某满18周岁的抚养费。

被告王某辩称：不同意支付抚养费，自己没有钱，还有网贷，没有能力支付。

法院经审理查明：张某（女）和王某于2006年登记结婚，2009年生育一子王小某。2015年、2016年，王小某因就近上学，与母亲张某搬离房山区，和父亲王某分开居住。2017年、2018年左右，王某去外地生活。王某自结婚至今没有工作，也没有给过孩子抚养费，家庭开销一直由张某承担，王某在生活上未对孩子给予照顾、关心和教育，没有尽到作为父亲的抚养和教育的责任。张某身有残疾，因身体原因待岗，月收入不足5000元。张某与王某目

---

① 人民法院案例库入库编号：2024-14-2-022-001，2025年5月14日访问。

前仍为夫妻关系。

北京市房山区人民法院于2022年4月27日作出民事判决：1. 王某于本判决生效之日起十日内按每月800元的标准支付王小某2016年1月至本判决生效之月的抚养费；2. 自本判决生效之月起，王某每月5日前支付王小某抚养费800元，至王小某年满18周岁止；3. 驳回王小某的其他诉讼请求。宣判后，双方当事人均未提起上诉，判决已发生法律效力。

裁判理由

法院生效裁判认为：《中华人民共和国民法典》第一千零六十七条规定："父母不履行抚养义务的，未成年子女或者不能独立生活的成年子女，有要求父母给付抚养费的权利。"父母不履行抚养义务的，未成年子女或者不能独立生活的成年子女，有要求父母给付抚养费的权利。婚姻关系存续期间，父母双方或者一方拒不履行抚养子女义务，未成年子女或者不能独立生活的成年子女请求支付抚养费的，人民法院应予支持。本案中，王小某主张2015年、2016年其与母亲住到中关村后，与父亲王某分开居住，王某予以认可，且王某自述其自结婚至今一直没有工作，也没有给过孩子抚养费。关于王小某要求王某支付抚养费的诉讼请求，于法有据，法院予以支持。抚养费的数额，法院综合考虑子女的实际需要、父母双方的负担能力和当地的实际生活水平等情况依法予以酌定。

裁判要旨

婚姻关系存续期间，父母双方或者一方拒不履行抚养子女义务，未成年子女或者不能独立生活的成年子女请求支付抚养费的，人民法院应予支持。

3. 刘某甲诉张某否认亲子关系纠纷案[①]
——父或母请求否认亲子关系但未提供必要证据的，不适用《最高人民法院关于适用婚姻家庭编的解释（一）》第三十九条第一款之规定

关键词
民事　否认亲子关系　母亲否认　离婚　必要证据

基本案情
原告刘某甲诉称，其与张某于2015年结婚，婚后一直没有生育小孩。婚姻存续期间，刘某甲与他人发生一夜情怀孕并生育一子。因其丈夫张某将小孩接走藏起来，不让其见小孩，对小孩漠不关心，导致小孩日渐消瘦，对小孩的心理健康及安全造成极大的影响，特诉请确认小孩与张某不具有血缘关系并将小孩的监护权判给刘某甲所有。刘某甲为支持其诉请提交了一份司法鉴定意见书，证明该小孩经过司法鉴定与案外人刘某乙具有血缘关系，与张某没有血缘关系。

张某辩称，孩子的出生证和户口簿均表明其系小孩的父亲。若小孩与其无血缘关系，刘某甲早就该明示，双方婚后一直共同生活，并未分开。监护权与抚养权是建立在离婚基础上，刘某甲在未离婚前就请求确定监护权归属有违法律规定，而且就算离婚，父母仍是子女的监护人，何况现在双方还是夫妻，刘某甲无权请求法院指定或确认监护权。依照《最高人民法院关于适用〈中华人民共和国民法典〉婚姻家庭编的解释（一）》第三十九条第一款的规定，刘某甲主张确认张某与婚生子不具有血统关系，应提供必要的证据来证明，但刘某甲未能提供必要证据。亲子鉴定法律无强制规定要

[①] 人民法院案例库入库编号：2023-14-2-021-001，2025年5月14日访问。

求其必须配合,其无法定义务配合刘某甲共同来做有损子女成长之事。综上,请求法院从有利子女健康成长角度驳回刘某甲的诉请。

法院经审理查明:原告刘某甲、被告张某于2015年办理婚姻登记手续,刘某甲于2018年生育一男孩。2021年1月,刘某甲向法院起诉离婚,法院驳回其诉讼请求。婚生小孩的出生医学证明和户籍证明均登记张某系小孩的父亲,该小孩曾在张某家中生活,由张某父母照顾抚养,并就读幼儿园。自2021年11月22日起该小孩在刘某甲处抚养。

江西省遂川县人民法院于2021年10月26日作出(2021)赣0827民初2417号民事判决:驳回原告刘某甲的全部诉讼请求。刘某甲不服,提起上诉。江西省吉安市中级人民法院于2021年12月31日作出(2021)赣08民终2727号民事判决:驳回上诉,维持原判。

裁判理由

法院生效裁判认为:亲子关系的确认和否认,对于子女而言,不仅涉及一系列权利义务的产生、消灭,更涉及亲子身份关系的安定、婚姻家庭的和谐稳定,对未成年人的健康成长有重大影响。本案纠纷发生在刘某甲与张某婚姻关系存续期间,刘某甲以双方感情破裂,张某照顾不好小孩,为了小孩的健康成长为由提起本案诉讼,但其未提供证据证明张某存在虐待小孩及不利小孩健康成长的行为,且小孩现在在刘某甲处抚养,也不存在剥夺刘某甲抚养小孩权利的情形。《最高人民法院关于适用〈中华人民共和国民法典〉婚姻家庭编的解释(一)》第三十九条第一款规定,父或者母向人民法院起诉请求否认亲子关系,并已提供必要证据予以证明,另一方没有相反证据又拒绝做亲子鉴定的,人民法院可以认定否认亲子关系一方的主张成立。刘某甲虽然提供了亲子鉴定意见书,但该鉴定书真实性无法确认,且无其他证据予以佐证,其不具备提供了必要证据这一推定前提。本案不能以张某不同意做亲子鉴定就当然适用《最高人民法院关于适用〈中华人民共和国民法典〉婚姻家庭编的解释（一）》第三十九条第一款之规定。

裁判要旨

婚姻关系存续期间孕育的子女，推定丈夫为该子女的父亲，是亲子关系认定中的基本原则。父或母虽有权提起否认之诉，但应当有正当理由。一方为争取孩子的抚养权，以无法证明真实性的单方亲子鉴定报告请求否认子女与对方的亲子关系，对方不认可该证据，又拒绝做亲子鉴定的，不能适用《最高人民法院关于适用〈中华人民共和国民法典〉婚姻家庭编的解释（一）》第三十九条第一款规定。

《民法典》【父母教育、保护未成年子女的权利和义务】

第一千零六十八条 父母有教育、保护未成年子女的权利和义务。未成年子女造成他人损害的，父母应当依法承担民事责任。

典型案例

余某仪诉谭某威变更抚养关系纠纷案[1]
——坚持最有利于未成年人原则调处变更抚养关系纠纷

关键词

民事　变更抚养关系　调解方案　调解效果

---

[1] 人民法院案例库入库编号：2024-18-6-022-001，2025年5月14日访问。

基本案情

余某仪与侨眷谭某威于2006年登记结婚，于2007年9月2日生育一子小辉（化名）。2009年11月，余某仪与谭某威离婚，小辉由母亲余某仪直接抚养。余某仪曾于2016年向广东省开平市人民法院提起诉讼，请求谭某威支付小辉的抚养费，法院经调解确认谭某威每月支付小辉的抚养费人民币600元（币种下同）。

余某仪于2022年9月2日向广东省开平市人民法院提起诉讼，称因其需照顾患癌母亲而辞去工作，已无收入，生活拮据，没有能力继续抚养小辉，请求变更为由谭某威直接抚养小辉。谭某威辩称其已再婚并生育一子，因工作性质需要常年外出，无力抚养小辉，故不同意变更小辉由其直接抚养。小辉表示希望到父亲谭某威身边生活。

广东省开平市人民法院于2022年11月21日作出（2022）粤0783民初4263号民事判决，变更为由谭某威直接抚养小辉。宣判后，谭某威不服，向广东省江门市中级人民法院提起上诉。

调解结果

二审过程中，承办团队经调查，了解到小辉系智力三级残疾，小辉外婆肢体残疾且身患癌症，小辉母亲余某仪及外公为照顾小辉外婆关闭了原来经营的摊位，全家仅靠外公每月一千多元的退休金维持生活，经济十分困难，且已无力管教小辉，小辉母亲起诉变更抚养关系的根本目的是解决小辉的终生监护问题。小辉父亲谭某威与小辉并未建立亲密的父子关系，且因工作原因需常年外出，难以亲自照顾小辉，变更由小辉父亲直接抚养不利于小辉健康成长。

经法院联合市侨联、残联等多部门开展多轮调解，双方最终达成调解协议，由小辉母亲余某仪继续直接抚养小辉，小辉父亲谭某威每月支付2500元抚养费至谭某威年满60岁止。2023年5月29日，广东省江门市中级人民法院出具（2023）粤07民终1062号民事调解书,对前述调解协议予以确认。

案件审结后,广东省江门市中级人民法院联合侨联、残联等部门,多方协调,为小辉提供"康园中心"托管、特殊教育学校入学咨询等服务,帮助余某仪一家解决长期抚养困难。

调解指引

调解涉及变更抚养关系的纠纷,人民法院应当坚持最有利于未成年人的原则,妥善制定调解方案,实质化解矛盾纠纷。对于当事人系侨眷、残疾人的,人民法院可以与残联、侨联等部门联动,合力化解调解纠纷,协调解决当事人生活困难,真正实现案结事了人和。

关联索引

《中华人民共和国民法典》第1068条

《中华人民共和国民事诉讼法》第9条

《最高人民法院关于适用〈中华人民共和国民法典〉婚姻家庭编的解释(一)》第56条

《民法典》【子女尊重父母的婚姻权利及赡养义务】

第一千零六十九条 子女应当尊重父母的婚姻权利,不得干涉父母离婚、再婚以及婚后的生活。子女对父母的赡养义务,不因父母的婚姻关系变化而终止。

《民法典》【遗产继承权】

第一千零七十条 父母和子女有相互继承遗产的权利。

三、家庭生活篇

《民法典》 【非婚生子女权利】

第一千零七十一条 非婚生子女享有与婚生子女同等的权利，任何组织或者个人不得加以危害和歧视。

不直接抚养非婚生子女的生父或者生母，应当负担未成年子女或者不能独立生活的成年子女的抚养费。

《民法典》 【继父母子女之间权利义务】

第一千零七十二条 继父母与继子女间，不得虐待或者歧视。

继父或者继母和受其抚养教育的继子女间的权利义务关系，适用本法关于父母子女关系的规定。

关联规定

《民法典婚姻家庭编解释（二）》

第十八条 对民法典第一千零七十二条中继子女受继父或者继母抚养教育的事实，人民法院应当以共同生活时间长短为基础，综合考虑共同生活期间继父母是否实际进行生活照料、是否履行家庭教育职责、是否承担抚养费等因素予以认定。

第十九条 生父与继母或者生母与继父离婚后，当事人主张继父或者继母和曾受其抚养教育的继子女之间的权利义务关系不再适用民法典关于父母子女关系规定的，人民法院应予支持，但继父或者继母与继子女存在依法成立的收养关系或者继子女仍与继父或者继母共同生活的除外。

继父母子女关系解除后，缺乏劳动能力又缺乏生活来源的继父或者继母请求曾受其抚养教育的成年继子女给付生活费的，人民法院可以综合考虑抚养教育情况、成年继子女负担能力等因素，依法予以支持，但是继父或者继母曾存在虐待、遗弃继子女等情况的除外。

典型案例

柳某诉延甲、延乙等赡养纠纷案[①]
——受继父母抚养教育的继子女对继父母应承担赡养义务

关键词

民事　赡养　拟制血亲　抚养教育关系　赡养义务

基本案情

柳某诉称：请求法院依法判令延甲、延乙、延丙、延丁、延戊六被告每人每月给付原告赡养费1000元。

被告延甲、延乙、延丙、延丁、延戊辩称：1. 原告柳某名下存款为21万元，每月领取2000元左右的退休金，每年还领取取暖费3000多元，有固定的收入、经济来源。柳某的收入高于当地最低工资标准，存款及收入足以保障其日常的生活、医疗等开支；2. 原告柳某与延某在1979年10月办理结婚登记，属于再婚，此时延甲已年满18周岁并以务农为生，还经常接济原告与父亲延某；延乙差一个月年满16周岁，帮着姐姐一起种地、照看弟妹，自食其力；故原告与延甲、延乙并未形成事实上的抚养关系，原告无权向延甲、延乙主张赡养费。被告延丙已退休，其领取的退休金与原告的退休金数额差不多，其所领取的退休工资勉强维持生活各项开

[①] 人民法院案例库入库编号：2024-07-2-024-001，2025年5月14日访问。

支；被告延戊每月的工资数额仅为2000元左右，儿子还在上大学，且延戊本人身体也不好，几年前患脑梗，每日都需用药，最近又因身体原因到北京进行手术治疗，工资收入难以维持全家的开支。

被告延乙辩称：其没有工作，没有正常稳定的收入，不能按照每月1000元的标准履行，可以按每月100元履行赡养义务。

法院经审理查明：柳某（女）与延某（男）于1979年10月11日登记结婚。延某系再婚，与前妻生有延甲、延乙、延丙、延丁、延戊。柳某与延某结婚后与该五个子女共同生活，后生育儿子延己。2023年1月5日，延某去世。后柳某与五个继子女产生矛盾，遂提起本案赡养纠纷诉讼。

另查明，延甲1978年高中毕业后在老家山西省阳城县某村务农。柳某与延某结婚时，延甲、延乙、延丙、延丁、延戊均未成年，现均已成家。柳某起诉时已七十四岁，身体无重大疾病，生活能够自理，有一定的积蓄，每月领取退休金。

山西省泽州县人民法院于2023年9月5日作出（2023）晋0525民初1884号民事判决：一、被告延乙、延丙、延丁、延戊、延己自2023年7月1日起每人每年支付原告柳某赡养费1200元，于每年度的10月31日前支付；二、驳回原告柳某的其他诉讼请求。宣判后，柳某不服，提起上诉。山西省晋城市中级人民法院于2023年11月10日作出（2023）晋05民终1462号民事判决：驳回上诉，维持原判。

裁判理由

柳某与延某结婚时，延甲虽尚不满十八周岁但已满十六周岁，且已高中毕业并在老家务农，属于以自己的劳动收入为生活主要来源的情形，故可以确定延甲与柳某未形成抚养关系。延乙、延丙、延丁、延戊均受过柳某长期的抚养与教育，其权利义务关系适用于《中华人民共和国民法典》关于父母子女关系的规定。赡养老人是中华民族的传统美德，也是子女应承担的法定义务，成年子女不履行赡养义务的，缺乏劳动能力或者生活困难的父母，有要求成年子女给付赡养费的权利。柳某已七十四岁，缺乏劳动能力，虽然其身体健康无重大疾病，有生活自理能力，且每月领取有退休金，但并不能成为子女不履行赡养义务的理由。

综合考虑柳某和子女的经济状况等因素后，法院酌情确定延乙、延丙、延丁、延戊、延己每人每年支付柳某赡养费1200元。

裁判要旨

形成抚养教育关系的继父母与继子女之间，具有与血亲关系的父母子女相同的权利和义务，继子女对继父母有赡养义务。但是，父或母再婚时，一方未成年子女已满十六周岁且以自己的劳动收入为生活主要来源的，不应认定为形成抚养关系；继父母诉请法院判令该继子女支付赡养费的，人民法院依法不予支持。

关联索引

《中华人民共和国民法典》第1067条、第1072条

一审：山西省泽州县人民法院（2023）晋0525民初1884号民事判决（2023年9月5日）

二审：山西省晋城市中级人民法院（2023）晋05民终1462号民事判决（2023年11月10日）

《民法典》【亲子关系异议之诉】

第一千零七十三条 对亲子关系有异议且有正当理由的，父或者母可以向人民法院提起诉讼，请求确认或者否认亲子关系。

对亲子关系有异议且有正当理由的，成年子女可以向人民法院提起诉讼，请求确认亲子关系。

《民法典》 【祖孙之间的抚养、赡养义务】

第一千零七十四条　有负担能力的祖父母、外祖父母，对于父母已经死亡或者父母无力抚养的未成年孙子女、外孙子女，有抚养的义务。

有负担能力的孙子女、外孙子女，对于子女已经死亡或者子女无力赡养的祖父母、外祖父母，有赡养的义务。

《民法典》 【兄弟姐妹间扶养义务】

第一千零七十五条　有负担能力的兄、姐，对于父母已经死亡或者父母无力抚养的未成年弟、妹，有扶养的义务。

由兄、姐扶养长大的有负担能力的弟、妹，对于缺乏劳动能力又缺乏生活来源的兄、姐，有扶养的义务。

四、离婚析产篇

《民法典》 【协议离婚】

第一千零七十六条 夫妻双方自愿离婚的,应当签订书面离婚协议,并亲自到婚姻登记机关申请离婚登记。

离婚协议应当载明双方自愿离婚的意思表示和对子女抚养、财产以及债务处理等事项协商一致的意见。

关联规定

1.《民法典婚姻家庭编解释(一)》

第六十九条 当事人达成的以协议离婚或者到人民法院调解离婚为条件的财产以及债务处理协议,如果双方离婚未成,一方在离婚诉讼中反悔的,人民法院应当认定该财产以及债务处理协议没有生效,并根据实际情况依照民法典第一千零八十七条和第一千零八十九条的规定判决。

当事人依照民法典第一千零七十六条签订的离婚协议中关于财产以及债务处理的条款,对男女双方具有法律约束力。登记离婚后当事人因履行上述协议发生纠纷提起诉讼的,人民法院应当受理。

2.《婚姻登记条例》

第十三条 内地居民自愿离婚的,男女双方应当签订书面离婚协议,亲自到婚姻登记机关共同申请离婚登记。

中国公民同外国人在中国内地自愿离婚的,内地居民同香港居民、澳门居民、台湾居民、华侨在中国内地自愿离婚的,男女双方应当签订书面离婚协议,亲自到本条例第二条第二款规定的婚姻登记机关共同申请离婚登记。

离婚协议应当载明双方自愿离婚的意思表示和对子女抚养、财产以及债务处理等事项协商一致的意见。

第十四条 申请离婚登记的当事人有下列情形之一的，婚姻登记机关不予受理：

（一）未达成离婚协议的；

（二）属于无民事行为能力人或者限制民事行为能力人的；

（三）其结婚登记不是在中国内地办理的。

第十五条 申请离婚登记的内地居民应当出具下列证件：

（一）本人的居民身份证；

（二）本人的结婚证。

申请离婚登记的香港居民、澳门居民、台湾居民、华侨、外国人除应当出具前款第二项规定的证件外，香港居民、澳门居民、台湾居民还应当出具本人的有效通行证或者港澳台居民居住证、身份证；华侨、外国人还应当出具本人的有效护照或者其他有效的国际旅行证件，或者外国人永久居留身份证等中国政府主管机关签发的身份证件。

第十七条 婚姻登记机关在办理离婚登记过程中，可以根据情况及时对离婚登记当事人开展心理辅导、调解等工作。

3.《婚姻登记工作规范》

第四十六条 离婚登记按照申请—受理—三十日—审查—登记（发证）的程序办理。

第四十七条 受理离婚登记的条件是：

（一）申请事项属于该婚姻登记处职能范围；

（二）要求离婚的夫妻双方共同到婚姻登记处提出申请；

（三）双方均具有完全民事行为能力；

（四）当事人持有离婚协议书，协议书中载明双方自愿离婚的意思表示以及对子女抚养、财产及债务处理等事项协商一致的意见；

（五）当事人持有内地婚姻登记机关或者中国驻外使（领）馆颁发的结婚证；

（六）当事人各提交2张2寸单人近期半身免冠同版证件照；

（七）当事人持有本规范第二十九条至第三十五条规定的有效证件。

第四十八条 婚姻登记员受理离婚登记申请，应当按照下列程序进行：

（一）分开询问当事人双方的身份信息、离婚意愿、是否就子女抚养、财产及债务处理等事项达成一致意见并形成书面离婚协议；

（二）查看本规范第二十九条至第三十五条规定的有效身份证件；

（三）查看内地婚姻登记机关或者中国驻外使（领）馆颁发的结婚证。

一方当事人结婚证丢失的，应当书面声明遗失，婚姻登记机关可以根据另一本结婚证受理离婚登记申请；双方当事人结婚证都丢失的，应当书面声明结婚证遗失并提供加盖查档专用章的结婚登记档案或信息共享获取的婚姻登记电子档案，婚姻登记机关可根据当事人提供的上述材料受理离婚登记申请。

当事人提交的结婚证或结婚登记档案上的信息与当事人现身份信息不一致的，当事人应当提供能够证明身份信息一致的证明材料。

（四）通过身份信息识别比对设备进行人证校验、指纹比对；

（五）审查当事人提交的证件和书面材料；

（六）当事人双方在婚姻登记机关现场填写的《离婚登记申请

书》（见附件7）；①

《离婚登记申请书》中"声明人"一栏的签名必须由声明人在监誓人面前完成并按指纹；

（七）婚姻登记员作监誓人并在监誓人一栏签名。

第四十九条 符合离婚登记申请条件的，发给《离婚登记申请受理回执单》（见附件8）。

不符合离婚登记申请条件的，不予受理。当事人要求出具《不予受理离婚登记申请告知书》（见附件9）的，应当出具。

第五十条 自婚姻登记机关收到离婚登记申请并向当事人发放《离婚登记申请受理回执单》之日起三十日内（自婚姻登记机关收到离婚登记申请之日的次日开始计算期间，期间的最后一日是法定休假日的，以法定休假日结束的次日为期间的最后一日），任何一方不愿意离婚的，可以持本人有效身份证件和《离婚登记申请受理回执单》（遗失的可不提供，但需书面说明情况，见附件10），向受理离婚登记申请的婚姻登记机关撤回离婚登记申请，并亲自填写《撤回离婚登记申请书》（见附件11）。经婚姻登记机关核实无误后，发给《撤回离婚登记申请确认单》（见附件12），并将《离婚登记申请书》、《撤回离婚登记申请书》与《撤回离婚登记申请确认单（存根联）》一并存档。

自前款规定的期限届满后三十日内（自届满日的次日开始计算期间，期间的最后一日是法定休假日的，以法定休假日结束的次日为期间的最后一日），双方未共同到婚姻登记机关申请发给离婚证的，视为撤回离婚登记申请。

一方当事人不愿意离婚，另一方当事人坚持离婚的，婚姻登记机关应当告知当事人依法可以由有关组织进行调解或者直接向人民

---

① 附件略，下同。

法院提起离婚诉讼。

第五十一条 婚姻登记机关在办理离婚登记过程中,可以根据当事人意愿及时对离婚登记当事人开展心理辅导、调解等工作,并填写《婚姻家庭辅导服务记录表》。

第五十二条 自本规范第五十条第一款规定的期限届满后三十日内(自届满日的次日开始计算期间,期间的最后一日是法定休假日的,以法定休假日结束的次日为期间的最后一日),双方当事人应当持本规范第四十七条第(四)至(七)项规定的证件和材料,共同到受理离婚登记申请的婚姻登记机关办理离婚登记。离婚登记应当按照下列程序进行:

(一)分开询问当事人的离婚意愿,以及对离婚协议内容的意愿,并进行笔录,笔录当事人阅后签名;

(二)查验本规范第四十七条规定的证件和材料;

(三)通过身份信息识别比对设备进行人证校验、指纹比对;

(四)当事人现场填写《婚姻登记个人信用信息风险告知书》;

(五)双方自愿离婚且对子女抚养、财产及债务处理等事项协商一致的,填写《申请离婚登记声明书》(见附件13);

《申请离婚登记声明书》中"声明人"一栏的签名必须由声明人在监誓人面前完成并按指纹;

婚姻登记员作监誓人并在监誓人一栏签名。

(六)当事人提交离婚协议书原件1份,登记员复印2份后,现场见证当事人双方在3份离婚协议书上签名并按指纹、填写日期。

离婚协议书一式三份,男女双方各一份并自行保存,婚姻登记机关存档一份。婚姻登记机关在当事人持有的两份离婚协议书上加盖"此件与存档件一致,涂改无效。××××婚姻登记处××××年××月××日"的长方形红色印章并填写日期。多页离婚协议书同时在骑缝处加盖此印章，骑缝处不填写日期。当事人亲自签订的离婚协议书原件存档。婚姻登记机关在存档的离婚协议书加盖"××××婚姻登记处存档件××××年××月××日"的长方形红色印章并填写日期，多页离婚协议书同时在骑缝处加盖此印章，骑缝处不填写日期。

当事人因离婚协议书遗失等原因，要求婚姻登记机关复印其离婚协议书的，按照《婚姻登记档案管理办法》的规定调取婚姻登记档案。婚姻登记机关在离婚协议书复印件空白处加盖"此件与存档件一致，涂改无效。××××婚姻登记处××××年××月××日"的长方形红色印章并填写查档日期。

第五十三条 婚姻登记员对当事人提交的证件、《申请离婚登记声明书》、离婚协议书进行核对，符合离婚条件的，填写《离婚登记审查处理表》（见附件14）和离婚证。

《离婚登记审查处理表》和离婚证分别参照本规范第三十八条、第三十九条规定填写。

第五十四条 婚姻登记员在完成离婚证填写后，应当进行认真核对、检查。对打印或者书写错误、证件被污染或者损坏的，应当将证件报废处理后，再重新填写。

第五十五条 发给离婚证，应当在当事人双方均在场时按照下列步骤进行：

（一）见证当事人本人亲自在《离婚登记审查处理表》"当事人领证签名并按指纹"一栏中签名并按指纹。

"当事人领证签名并按指纹"一栏不得空白，不得由他人代为填写、代按指纹；

（二）在当事人的结婚证上加盖条形印章，其中注明"双方离婚，证件失效。××婚姻登记处"。注销后的结婚证复印存档，原件退还当事人；

（三）将离婚证及协议书发给离婚当事人，完成离婚登记。

离婚登记完成后，当事人要求更换离婚协议书或变更离婚协议内容的，婚姻登记机关不予受理。

第五十六条 婚姻登记员每办完一对离婚登记，应当依照《婚姻登记档案管理办法》，对应当存档的材料进行整理、扫描、保存，不得出现原始材料丢失、损毁情况。

第五十七条 婚姻登记机关对不符合离婚登记条件的，不予受理。当事人要求出具《不予办理离婚登记告知书》（见附件15）的，应当出具。

当事人属于无民事行为能力人或者限制民事行为能力人的，婚姻登记机关还应当指引其可以通过诉讼程序进行离婚。

第五十八条 自本规范第五十条规定的期限届满后的30日后，男女双方申请离婚登记的，应当按照本规范第四十七条规定的程序重新提出离婚申请。

典型案例

李某某诉李某抚养费纠纷案[①]
——对已就读大学的成年子女支付抚养费的
诉讼请求，一般不予支持

关键词

民事　抚养费　独立生活　大学　成年子女

基本案情

李某某向法院起诉请求：1. 判令李某支付李某某高中三年抚养费36000元（每月1000元），高三下学期学费830元，大学四年学费40000元（每年10000元），大学四年生活费72000元（每月

[①] 人民法院案例库入库编号：2023-07-2-022-001，2025年5月14日访问。

生活费1500元，48个月），以上合计148830元，直到李某某经济能力独立为止；2. 诉讼费由李某承担。

法院经审理查明：李某、李某1系李某某的父亲、母亲，二人于2003年生育女儿李某某。2012年12月31日，因夫妻感情破裂，二人协议离婚，并约定：李某某（女）9岁，归李某1抚养，李某2（男）7岁，归李某抚养，两个小孩的所有费用由男方承担。离婚后，李某按照离婚协议约定负担了李某某大部分生活学习费用至李某某高中毕业且年满十八周岁，之后未再支付过李某某生活学习费用。李某某母亲李某1支付了李某某高中期间部分生活学习费用，并在李某某考上大学后支付了李某某大一学杂费及其他生活费用。李某离婚后又另行重组家庭并生育了一幼子，李某2现就读高二，随李某一起居住生活。目前李某经营一家门锁店生意。二审期间另查明，李某某已经办理了国家无息助学贷款。

江西省广昌县人民法院于2021年12月20日作出（2021）赣1030民初1159号民事判决：一、李某给付李某某就读大学期间的生活费每月750元，限于每月10日前付清，从2021年9月开始支付至李某某大学毕业时止；二、李某给付李某某大学四年期间学费每年6000元，分别于每年9月10日前付清，从2021年支付至2024年；三、驳回李某某的其他诉讼请求。宣判后，李某不服一审判决，提出上诉。江西省抚州市中级人民法院于2022年4月26日作出（2022）赣10民终251号民事判决：一、撤销江西省广昌县人民法院（2021）赣1030民初1159号民事判决；二、驳回李某某的诉讼请求。

裁判理由

法院生效裁判认为：根据《最高人民法院关于适用〈中华人民共和国民法典〉婚姻家庭编的解释（一）》第四十一条规定，已满十八周岁且在接受高等教育期间的子女，不属于民法典第一千零六十七条规定的"不能独立生活的成年子女"。一审判决认定李某不再有给付李某某抚养费的法定义务正确。就我国人情伦理及社会传统习惯而言，大多数具有经济能力的父母是愿意培养子女进入高等学府，供养子女接受高等教育的；从道德层面来讲，作为有负担能力的父母、也应对尚在就读高等教育，一时还无法独立承担自己生活、教育开销的成年子女承担抚养责任，让孩子完成学业。但正如前款法律规定，父母为成年子女支付大学期间的学费和生活费只是基于亲情和道义，而不是法定义务。在本案中，李某将李某某抚养至接受高等教育，还有两子需要抚养，其中幼子不足一周岁，李某提出其已不具有负担能力，本案也没有证据证明李某具有负担能力。且李某某目前已办理了国家助学贷款，能够弥补在校期间各项费用不足，该贷款系无息贷款，可以在毕业后分期偿还。一审法院忽视李某的负担能力和李某某的实际情况，判决李某给付李某某大学期间的学费和生活费错误，应予以纠正。

裁判要旨

已就读大学的成年子女，不宜认定为《民法典》第 1067 条规定的"不能独立生活的成年子女"。对其要求支付抚养费的诉讼请求，人民法院一般不予支持。

关联索引

《中华人民共和国民法典》第 1076 条

《最高人民法院关于适用〈中华人民共和国民法典〉婚姻家庭编的解释（一）》第 41 条

一审：江西省广昌县人民法院（2021）赣 1030 民初 1159 号民事判决（2021 年 12 月 20 日）

二审：江西省抚州市中级人民法院（2022）赣 10 民终 251 号民事判决（2022 年 4 月 26 日）

四、离婚析产篇

《民法典》【离婚冷静期】

第一千零七十七条 自婚姻登记机关收到离婚登记申请之日起三十日内，任何一方不愿意离婚的，可以向婚姻登记机关撤回离婚登记申请。

前款规定期限届满后三十日内，双方应当亲自到婚姻登记机关申请发给离婚证；未申请的，视为撤回离婚登记申请。

关联规定

《婚姻登记条例》

第十六条 婚姻登记机关应当在法律规定期限内，根据当事人的申请，核对离婚登记当事人出具的证件、书面材料并询问相关情况。对当事人确属自愿离婚，并已经对子女抚养、财产以及债务处理等事项协商一致，男女双方亲自到收到离婚登记申请的婚姻登记机关共同申请发给离婚证的，婚姻登记机关应当当场予以登记，发给离婚证。

当事人未在法律规定期限内申请发给离婚证的，视为撤回离婚登记申请，离婚登记程序终止。

《民法典》【婚姻登记机关对协议离婚的查明】

第一千零七十八条 婚姻登记机关查明双方确实是自愿离婚，并已经对子女抚养、财产以及债务处理等事项协商一致的，予以登记，发给离婚证。

关联规定

《婚姻登记条例》

第十六条 婚姻登记机关应当在法律规定期限内,根据当事人的申请,核对离婚登记当事人出具的证件、书面材料并询问相关情况。对当事人确属自愿离婚,并已经对子女抚养、财产以及债务处理等事项协商一致,男女双方亲自到收到离婚登记申请的婚姻登记机关共同申请发给离婚证的,婚姻登记机关应当当场予以登记,发给离婚证。

当事人未在法律规定期限内申请发给离婚证的,视为撤回离婚登记申请,离婚登记程序终止。

《民法典》【诉讼离婚】

第一千零七十九条 夫妻一方要求离婚的,可以由有关组织进行调解或者直接向人民法院提起离婚诉讼。

人民法院审理离婚案件,应当进行调解;如果感情确已破裂,调解无效的,应当准予离婚。

有下列情形之一,调解无效的,应当准予离婚:

(一) 重婚或者与他人同居;

(二) 实施家庭暴力或者虐待、遗弃家庭成员;

(三) 有赌博、吸毒等恶习屡教不改;

(四) 因感情不和分居满二年;

(五) 其他导致夫妻感情破裂的情形。

四、离婚析产篇

一方被宣告失踪,另一方提起离婚诉讼的,应当准予离婚。

经人民法院判决不准离婚后,双方又分居满一年,一方再次提起离婚诉讼的,应当准予离婚。

关联规定

《民法典婚姻家庭编解释(一)》

第一条 持续性、经常性的家庭暴力,可以认定为民法典第一千零四十二条、第一千零七十九条、第一千零九十一条所称的"虐待"。

第二条 民法典第一千零四十二条、第一千零七十九条、第一千零九十一条规定的"与他人同居"的情形,是指有配偶者与婚外异性,不以夫妻名义,持续、稳定地共同居住。

第三条 当事人提起诉讼仅请求解除同居关系的,人民法院不予受理;已经受理的,裁定驳回起诉。

当事人因同居期间财产分割或者子女抚养纠纷提起诉讼的,人民法院应当受理。

第二十三条 夫以妻擅自中止妊娠侵犯其生育权为由请求损害赔偿的,人民法院不予支持;夫妻双方因是否生育发生纠纷,致使感情确已破裂,一方请求离婚的,人民法院经调解无效,应依照民法典第一千零七十九条第三款第五项的规定处理。

第六十二条 无民事行为能力人的配偶有民法典第三十六条第一款规定行为,其他有监护资格的人可以要求撤销其监护资格,并依法指定新的监护人;变更后的监护人代理无民事行为能力一方提起离婚诉讼的，人民法院应予受理。

第六十三条 人民法院审理离婚案件，符合民法典第一千零七十九条第三款规定"应当准予离婚"情形的，不应当因当事人有过错而判决不准离婚。

第六十四条 民法典第一千零八十一条所称的"军人一方有重大过错"，可以依据民法典第一千零七十九条第三款前三项规定及军人有其他重大过错导致夫妻感情破裂的情形予以判断。

典型案例

1. 马某某诉丁某某离婚案[①]
——对于家暴事实的认定应当适用特殊证据规则

【基本案情】

马某某（女）以丁某某（男）性格暴躁，多次对其实施家庭暴力为由诉至法院要求离婚，丁某某否认其实施了家暴行为，且不同意离婚。马某某提交了多次报警记录，证明其曾因遭受家庭暴力或面临家庭暴力现实危险而报警，并提供病历和伤情鉴定证明其受伤情况，丁某某未提交任何证据佐证其抗辩意见。

【裁判结果】

法院生效裁判认为，原告马某某主张丁某某对其实施暴力，并提交了相关佐证证据，虽丁某某予以否认，但马某某提交的病历资料及鉴定文书中均有"全身多处软组织挫伤"等表述，而丁某某对于马某某的伤情并未给予合理解释，综合双方的陈述以及马某某提交的证据可以确认，丁某某在其与马某某发生矛盾的过程中，确实动手殴打了马某某。法院根据家暴事实的认定，并综合经审理查明

[①] 参见《中国反家暴十大典型案例（2023年）》，载最高人民法院官网，https://www.court.gov.cn/zixun/xiangqing/403572.html，2025年4月16日访问。

的其他事实，认定双方的夫妻感情确已破裂，判决准予离婚。

【典型意义】

1. 涉家庭暴力案件中，法院根据医疗机构的诊疗记录、伤情鉴定意见，可以认定申请人遭受家庭暴力或者面临家庭暴力现实危险的事实存在。本案中，马某某和丁某某对于家庭暴力发生的事实和经过的说法不一致，马某某对每一次家暴事实进行了详细且符合逻辑的描述，丁某某仅表述为双方"互有推搡""搂抱"，基于马某某提交的病历资料及鉴定文书中均有"全身多处软组织挫伤"等表述，丁某某虽否认家暴行为，但对于马某某的伤情并未给予合理解释，考虑到马某某作为受害人能够提供相关证据并合理陈述，其陈述可信度要高于丁某某的陈述。该做法也符合2022年7月最高人民法院发布的《关于办理人身安全保护令案件适用法律若干问题的规定》中有关证据认定的制度规定。

2. 查清家庭暴力事实需要法官加大依职权探究力度。普通的民事诉讼，往往采用辩论主义，但要查清家庭暴力，则更需要法官依职权去探究相关事实及调取证据。本案中，马某某提交的证据并不足以证实其遭受到了家庭暴力，但法院根据其提交的证据，并结合其陈述，对于其主张的每一次家暴事实进行了仔细询问和追问，并对其最早一次遭受家暴以及自认为最严重的一次家暴等关键事实均进行了询问，马某某均给予了详细且符合逻辑的描述，通过对家暴细节进行主动调查，又根据受害人陈述可信度较高的原则，进而可以有助于家庭暴力事实的认定。

家庭暴力具有较高的私密性和隐蔽性，受害人普遍存在举证困难的问题。在涉家暴案件的审理过程中，法院可以通过积极举措降低家庭暴力事实的证明难度，平衡双方当事人之间的地位，对于认定家暴事实的，迅速作出离婚判决。本案中，法院适用一定条件下的举证责任转移及加大职权探知力度，更有利于保护在互动关系中处于弱势的家暴受害人，从而达到遏制并矫正家暴施暴人的强势控制行为，体现法院在处理涉家暴案件中的公正理念，保证裁判的公信力。

2. 张某与邹某离婚纠纷案[1]
——受暴方过错并非家暴理由，施暴方不宜直接抚养未成年子女

【基本案情】

张某（女）与邹某（男）于2007年4月登记结婚，自儿子邹小某出生后张某和邹某夫妻矛盾逐渐增多。2010年6月，因张某与其他异性有不正当关系，邹某用几股电话线拧成一股抽打张某。此后，邹某经常辱骂张某，稍有不顺就动手打骂，张某因做错事在先，心中有愧，从来不会还手。2013年6、7月，邹某怀疑张某与其他男性有不正当关系，就把张某摁在家中地板上殴打，导致张某嘴部流血。2018年11月24日，邹某持裁纸刀划伤张某面部、衣服，并导致张某身体其他部位受伤，张某遂报警并进行了伤情鉴定，显示构成轻微伤。张某以邹某多年来数次对其实施家庭暴力为由，向人民法院请求离婚，并请求儿子邹小某由张某抚养。邹某认为张某出轨在先，具有过错，其与张某的争吵是夫妻之间的普通争吵行为，其对张某没有严重性、经常性、持续性的殴打、迫害，不构成家庭暴力，不同意离婚，且要求共同抚养儿子邹小某。

【裁判结果】

法院生效裁判认为，张某虽有过错，但邹某不能用暴力来解决问题。根据《中华人民共和国反家庭暴力法》第二条的规定，严重性、持续性、经常性并非家庭暴力的构成要件，2018年11月24日

---

[1] 参见《中国反家暴十大典型案例（2023年）》，载最高人民法院官网，https://www.court.gov.cn/zixun/xiangqing/403572.html，2025年4月16日访问。

张某所受损伤构成轻微伤,可见邹某的暴力行为已对张某的身体造成了伤害。法院认定邹某的行为构成家庭暴力。由于邹某实施家庭暴力的行为,而且双方已经分居,张某坚持要求离婚,法院判决准许双方离婚,邹小某由张某抚养,邹某于每月20日前支付邹小某抚养费1000元,直至邹小某年满十八周岁为止。

【典型意义】

1. 家暴行为证据的采纳与认定具有特殊性。家庭暴力往往具有私密性,目睹家庭暴力的极可能仅有未成年子女,导致许多家庭暴力难以得到及时认定和处理。本案中,人民法院委托家事调查员与邹小某进行谈话,邹小某对家事调查员表示其曾看到过一次父母在家吵架,父亲打了母亲,母亲的嘴部流血,综合邹某承认其与张某确实发生争吵伴有肢体接触,其对张某有压制行为,并看到张某嘴部流血,法院认定2013年6、7月邹某实施了家暴行为。法院采纳未成年子女提供的与其年龄、智力相适应的证言,在能与其他证据相印证达到较大可能性标准的情况下,认定施暴人的家暴行为,既有利于充分保护受暴者,同时对涉家暴纠纷审判实践也具有指导意义。

2. 受暴方是否有过错,殴打行为是否具有严重性、经常性、持续性均不是认定家庭暴力的构成要件。《中华人民共和国反家庭暴力法》第二条规定:"本法所称家庭暴力,是指家庭成员之间以殴打、捆绑、残害、限制人身自由以及经常性谩骂、恐吓等方式实施的身体、精神等侵害行为。"因此,家庭成员之间一方以殴打方式对另一方身体实施了侵害行为,即构成家庭暴力。本案中,邹某以张某有过错,其行为不具有严重性、经常性、持续性为由主张不构成家庭暴力,没有任何法律依据,亦不符合反家庭暴力法的立法精神和目的。

3. 实施家庭暴力是离婚法定事由,应依法判决离婚,及时阻断家庭暴力。审判实践中，对于初次起诉离婚，又无充分证据证明双方感情确已破裂的，人民法院本着维护婚姻家庭稳定的原则，一般判决不予离婚。但是，根据《中华人民共和国婚姻法》第三十二条第三款第二项规定："有下列情形之一，调解无效的，应准予离婚：（二）实施家庭暴力或虐待、遗弃家庭成员的；"因此，对于存在家庭暴力等离婚法定事由的，即便是初次起诉离婚，也应当准予离婚。邹某在婚姻关系存续期间，对张某实施家庭暴力，张某坚决要求离婚，即使邹某不同意离婚，法院也应依法判决双方离婚，及时遏制家庭暴力。

4. 根据最有利于未成年人原则，施暴方一般不宜直接抚养未成年子女。在处理离婚纠纷涉子女抚养权归属时，是否存在家庭暴力是确定子女抚养权归属的重要考量因素。审判实践中，施暴者往往辩称家暴行为只存在于夫妻之间，并不影响其对孩子的感情，甚至以希望孩子有完整的家庭为由，拒绝离婚。但是，家庭暴力是家庭成员之间的严重侵害行为，未成年子女目睹施暴过程会给其内心造成极大的心理创伤，目睹家庭暴力的未成年人实际上也是家庭暴力的受害者。因此，若父母一方被认定构成家暴，无论是否直接向未成年子女施暴，如无其他情形，一般认定施暴方不宜直接抚养未成年子女。本案中，张某仅有邹小某一子，邹某与前妻另育有一子，加之邹小某在张某、邹某分居后一直居住在张某父母家，由外公、外婆、舅舅等照顾日常生活起居，已适应了目前的生活、学习环境，为有利于儿童身心健康及防止家庭暴力的代际传递，法院认定邹小某应由张某抚养为宜。

从国际标准看，联合国《消除对妇女一切形式歧视公约》及其一般性建议框架要求，"在针对妇女的暴力（包括家庭暴力）案件中，决定监护权和探视权时应考虑受害人和儿童的权利安全"。本案裁判中考虑到儿童身心健康及预防家庭暴力的代际传递，判决由张某获得抚养权，这一裁判符合国际标准。

3. 李某某与郑某某离婚纠纷案①
——涉家暴案件审理必须多措并举实现案结事了

【基本案情】

经李某某（女）申请，人民法院于2018年5月2日作出人身安全保护令民事裁定，禁止郑某某（男）对李某某实施殴打、威胁、谩骂等家庭暴力行为。2018年6月8日李某某起诉离婚，7月23日两位书记员上门送达诉讼资料时，郑某某多次语言威胁并将留置的资料掷回书记员。7月25日两名法官、两名法警、一名书记员一行共计5人向郑某某送达诉讼资料，郑某某继续大吵大闹，拍桌子、辱骂送达的工作人员，近一个小时未能送达诉讼资料。

李某某与郑某某共生育了三名子女，李某某提供了诊断报告书、疾病证明书、报警回执、病历、鉴定意见书、受伤照片等证据，证实2018年2月7日、2018年4月21日、2018年4月25日、2018年5月2日郑某某多次对其实施殴打。经询，三名子女均表示选择与李某某共同生活。双方要求分割的夫妻共同财产为七套房屋。郑某某在庭审中明确表示不同意离婚，如果离婚要求三个孩子的抚养权。

【裁判结果】

法院于2018年12月作出民事判决书：认定李某某提供的证据足以证实郑某某长期实施家庭暴力，准予双方离婚；尊重三个孩子的意愿，再结合郑某某存在家庭暴力的情形，从有利于子女身心健康角度出发，三名子女均由李某某直接抚养，被告郑某某每月支付

---

① 参见《中国反家暴十大典型案例（2023年）》，载最高人民法院官网，https://www.court.gov.cn/zixun/xiangqing/403572.html，2025年4月16日访问。

孩子抚养费；四套房产归郑某某所有，三套房产归李某某所有。

【典型意义】

1. 重拳出击，让施暴人感受到司法的强硬。对李某某的人身安全保护令申请，法院发出人身安全保护令。李某某于2018年4月27日向法院申请人身安全保护令，法院于2018年5月2日作出人身安全保护令民事裁定，裁定禁止郑某某对李某某实施殴打、威胁、谩骂等家庭暴力行为。之后李某某又于2018年10月18日申请变更人身安全保护令，法院进行了审查认为李某某审理合理合法，裁定予以准许，并作出民事裁定书裁定禁止郑某某对李某某及其三个子女实施殴打、威胁、谩骂等家庭暴力行为；禁止郑某某骚扰、跟踪、接触李某某及其子女。

此外，坚决惩处郑某某阻碍司法工作的行为。法院工作人员在2018年7月23日、2018年7月25日依法向郑某某送达诉讼资料时，郑某某两次对负责送达的司法工作人员进行威胁，阻碍司法工作人员执行职务。考虑到郑某某有家暴的前科，又目无法纪，威胁送达人员，如果不能坚决制止他的嚣张气焰，那么本案开庭、审理、判决都将无法顺利进行，更无法保障女方和孩子的人身安全，因此合议庭在第二次送达的现场合议后认为郑某某已经阻碍司法工作人员执行职务，符合司法拘留的情形，且现场还有刀具等物品，危险性极高，决定先将郑某某带回法院。郑某某被押回法院后仍毫无悔意，经合议庭合议，并报院长批准，决定对郑某某司法拘留15日。司法拘留让郑某某有了敬畏之心，之后基本能理性沟通，态度明显好转，为今后案件处理打下了坚实的基础。

2. 柔性司法，让受暴人感受司法的温暖。在审理方式上，虽然司法拘留之后郑某某也没有再敢对女方及孩子实施暴力，但为了确保庭审安全，合议庭决定采取隔离审判的模式，将李某某及其诉讼代理人安排在另外一个审判庭，由专门的社工陪同，通过远程技术进行网上开庭,申请了两名法警执庭,并从大门口安检开始就对郑某某保持高度戒备。确保庭审的顺利进行。庭审后安排李某某及其委托诉讼代理人先签笔录,并从安全通道先行离开法院,避免与郑某某接触。

从国际标准看,此举措符合《联合国消除一切形式对妇女的歧视公约》要求中"司法部门对针对妇女的暴力(包括家庭暴力)有足够警觉,起诉及时,并且一致把保障妇女的生命权和身心健康放在公认的重要位置",即从隔离审判、社工陪同、法警执庭等多方面考虑到妇女的安全,司法机关有足够的警觉并采取了积极措施,此举措符合国际标准要求。

启动心理干预程序。鉴于郑某某存在严重家暴,且现有证据已经反映家暴行为对三个孩子,尤其是大女儿造成了严重的心理创伤,在案件审理过程中,就安排心理干预老师对三个孩子和李某某进行心理干预。其中李某某、二女儿和小儿子的心理状况基本健康,大女儿的心理问题较为严重,存在情绪偏激的情况,甚至还说出:如果郑某某再对家人实施暴力就要杀了他这样的话。针对此种情况,对大女儿展开了连续五次的心理干预,使大女儿能将情绪完全发泄出来,并理性地看待整个事情,取得了较好的效果。从国际标准看,这一举措符合《消除针对妇女一切形式歧视公约》建议"针对妇女的暴力(包括家庭暴力)的受害人可以获得公安部门、检察机关及法院等部门链接的医疗、法律与社会服务"这一国际标准要求。

3. 寻求他力,合作实现案结事了。宣判当天,为了防止郑某某宣判后可能因对判决不满,而再次对李某某及孩子实施暴力,法院还给李某某住所地的派出所和居委会发出防止民转刑的函,说明郑某某所具有的高度人身危险性,请求他们共同予以高度关注,及时预警、及时出警,共同防止暴力。同时,宣判后法官、书记员引导郑某某通过上诉来表达意见，郑某某在上诉期内上诉，二审维持了一审判决，之后郑某某也没有对法官、法院、女方和孩子有暴力或威胁，实现了案结事了。

《民法典》【婚姻关系的解除时间】

> 第一千零八十条 完成离婚登记，或者离婚判决书、调解书生效，即解除婚姻关系。

《民法典》【现役军人离婚】

> 第一千零八十一条 现役军人的配偶要求离婚，应当征得军人同意，但是军人一方有重大过错的除外。

关联规定

《民法典婚姻家庭编解释（一）》

第六十四条 民法典第一千零八十一条所称的"军人一方有重大过错"，可以依据民法典第一千零七十九条第三款前三项规定及军人有其他重大过错导致夫妻感情破裂的情形予以判断。

第七十一条 人民法院审理离婚案件，涉及分割发放到军人名下的复员费、自主择业费等一次性费用的，以夫妻婚姻关系存续年限乘以年平均值，所得数额为夫妻共同财产。

前款所称年平均值，是指将发放到军人名下的上述费用总额按具体年限均分得出的数额。其具体年限为人均寿命七十岁与军人入伍时实际年龄的差额。

《民法典》【男方提出离婚的限制情形】

第一千零八十二条 女方在怀孕期间、分娩后一年内或者终止妊娠后六个月内，男方不得提出离婚；但是，女方提出离婚或者人民法院认为确有必要受理男方离婚请求的除外。

关联规定

《妇女权益保障法》

第六十四条 女方在怀孕期间、分娩后一年内或者终止妊娠后六个月内，男方不得提出离婚；但是，女方提出离婚或者人民法院认为确有必要受理男方离婚请求的除外。

《民法典》【复婚】

第一千零八十三条 离婚后，男女双方自愿恢复婚姻关系的，应当到婚姻登记机关重新进行结婚登记。

关联规定

1. 《婚姻登记条例》

第十八条 离婚后，男女双方自愿恢复婚姻关系的，应当依照本条例规定到婚姻登记机关重新申请结婚登记。

2.《婚姻登记工作规范》

第四十三条　男女双方自愿恢复婚姻关系的，应当到婚姻登记机关重新进行结婚登记。

《民法典》【离婚后子女的抚养】

第一千零八十四条　父母与子女间的关系，不因父母离婚而消除。离婚后，子女无论由父或者母直接抚养，仍是父母双方的子女。

离婚后，父母对于子女仍有抚养、教育、保护的权利和义务。

离婚后，不满两周岁的子女，以由母亲直接抚养为原则。已满两周岁的子女，父母双方对抚养问题协议不成的，由人民法院根据双方的具体情况，按照最有利于未成年子女的原则判决。子女已满八周岁的，应当尊重其真实意愿。

关联规定

1.《民法典婚姻家庭编解释（一）》

第四十四条　离婚案件涉及未成年子女抚养的，对不满两周岁的子女，按照民法典第一千零八十四条第三款规定的原则处理。母亲有下列情形之一，父亲请求直接抚养的，人民法院应予支持：

（一）患有久治不愈的传染性疾病或者其他严重疾病，子女不宜与其共同生活；

（二）有抚养条件不尽抚养义务，而父亲要求子女随其生活；

（三）因其他原因，子女确不宜随母亲生活。

第四十五条 父母双方协议不满两周岁子女由父亲直接抚养，并对子女健康成长无不利影响的，人民法院应予支持。

第四十六条 对已满两周岁的未成年子女，父母均要求直接抚养，一方有下列情形之一的，可予优先考虑：

（一）已做绝育手术或者因其他原因丧失生育能力；

（二）子女随其生活时间较长，改变生活环境对子女健康成长明显不利；

（三）无其他子女，而另一方有其他子女；

（四）子女随其生活，对子女成长有利，而另一方患有久治不愈的传染性疾病或者其他严重疾病，或者有其他不利于子女身心健康的情形，不宜与子女共同生活。

第四十七条 父母抚养子女的条件基本相同，双方均要求直接抚养子女，但子女单独随祖父母或者外祖父母共同生活多年，且祖父母或者外祖父母要求并且有能力帮助子女照顾孙子女或者外孙子女的，可以作为父或者母直接抚养子女的优先条件予以考虑。

第四十八条 在有利于保护子女利益的前提下，父母双方协议轮流直接抚养子女的，人民法院应予支持。

第五十六条 具有下列情形之一，父母一方要求变更子女抚养关系的，人民法院应予支持：

（一）与子女共同生活的一方因患严重疾病或者因伤残无力继续抚养子女；

（二）与子女共同生活的一方不尽抚养义务或有虐待子女行为，或者其与子女共同生活对子女身心健康确有不利影响；

（三）已满八周岁的子女，愿随另一方生活，该方又有抚养能力；

（四）有其他正当理由需要变更。

第五十七条 父母双方协议变更子女抚养关系的，人民法院应予支持。

第六十条 在离婚诉讼期间，双方均拒绝抚养子女的，可以先行裁定暂由一方抚养。

第六十一条 对拒不履行或者妨害他人履行生效判决、裁定、调解书中有关子女抚养义务的当事人或者其他人，人民法院可依照民事诉讼法第一百一十一条的规定采取强制措施。

2.《民法典婚姻家庭编解释（二）》

第十二条 父母一方或者其近亲属等抢夺、藏匿未成年子女，另一方向人民法院申请人身安全保护令或者参照适用民法典第九百九十七条规定申请人格权侵害禁令的，人民法院依法予以支持。

抢夺、藏匿未成年子女一方以另一方存在赌博、吸毒、家庭暴力等严重侵害未成年子女合法权益情形，主张其抢夺、藏匿行为有合理事由的，人民法院应当告知其依法通过撤销监护人资格、中止探望或者变更抚养关系等途径解决。当事人对其上述主张未提供证据证明且未在合理期限内提出相关请求的，人民法院依照前款规定处理。

第十三条 夫妻分居期间，一方或者其近亲属等抢夺、藏匿未成年子女，致使另一方无法履行监护职责，另一方请求行为人承担民事责任的，人民法院可以参照适用民法典第一千零八十四条关于离婚后子女抚养的有关规定，暂时确定未成年子女的抚养事宜，并明确暂时直接抚养未成年子女一方有协助另一方履行监护职责的义务。

第十四条 离婚诉讼中，父母均要求直接抚养已满两周岁的未成年子女，一方有下列情形之一的，人民法院应当按照最有利于未成年子女的原则，优先考虑由另一方直接抚养：

（一）实施家庭暴力或者虐待、遗弃家庭成员；

（二）有赌博、吸毒等恶习；

（三）重婚、与他人同居或者其他严重违反夫妻忠实义务情形；

（四）抢夺、藏匿未成年子女且另一方不存在本条第一项或者第二项等严重侵害未成年子女合法权益情形；

（五）其他不利于未成年子女身心健康的情形。

第十六条　离婚协议中关于一方直接抚养未成年子女或者不能独立生活的成年子女、另一方不负担抚养费的约定，对双方具有法律约束力。但是，离婚后，直接抚养子女一方经济状况发生变化导致原生活水平显著降低或者子女生活、教育、医疗等必要合理费用确有显著增加，未成年子女或者不能独立生活的成年子女请求另一方支付抚养费的，人民法院依法予以支持，并综合考虑离婚协议整体约定、子女实际需要、另一方的负担能力、当地生活水平等因素，确定抚养费的数额。

前款但书规定情形下，另一方以直接抚养子女一方无抚养能力为由请求变更抚养关系的，人民法院依照民法典第一千零八十四条规定处理。

3. 《妇女权益保障法》

第七十一条　女方丧失生育能力的，在离婚处理子女抚养问题时，应当在最有利于未成年子女的条件下，优先考虑女方的抚养要求。

典型案例

刘某某与王某某离婚纠纷案[①]
——离婚纠纷中，施暴方不宜直接抚养未成年子女

关键词

离婚纠纷　家庭暴力　直接抚养　子女意愿

基本案情

刘某某（女）和王某某系夫妻关系，双方生育一子一女。婚后，因王某某存在家暴行为，刘某某报警8次，其中一次经派出所调解，双方达成"王某某搬离共同住房，不得再伤害刘某某"的协议。刘某某曾向人民法院申请人身安全保护令。现因王某某实施家暴等行为，夫妻感情破裂，刘某某诉至人民法院，请求离婚并由刘某某直接抚养子女，王某某支付抚养费等。诉讼中，王某某主张同意女儿由刘某某抚养，儿子由王某某抚养。儿子已年满八周岁，但其在书写意见时表示愿意和妈妈一起生活，在王某某录制的视频和法院的询问笔录中又表示愿意和爸爸一起生活，其回答存在反复。

裁判理由及结果

人民法院经审理认为，双方均确认夫妻感情已破裂，符合法定的离婚条件，准予离婚。双方对儿子抚养权存在争议。根据《中华人民共和国民法典》第一千零八十四条规定，人民法院应当按照最有利未成年子女的原则处理抚养纠纷。本案中，九岁的儿子虽然具有一定的辨识能力，但其表达的意见存在反复，因此，应当全面客观看待其出具的不同意见。王某某存在家暴行为，说明其不能理

[①] 参见《切勿以爱之名对未成年人实施家庭暴力 最高法发布人民法院反家庭暴力典型案例（第二批）》，载最高人民法院官网，https://www.court.gov.cn/zixun/xiangqing/418612.html，2025年4月22日访问。

性、客观地处理亲密关系人之间的矛盾，在日常生活中该行为对未成年人健康成长存在不利影响；同时，两个孩子从小一起生活，均由刘某某抚养，能够使兄妹俩在今后的学习、生活中相伴彼此、共同成长；刘某某照顾陪伴两个孩子较多，较了解学习、生活习惯，有利于孩子的身心健康成长。判决：一、准予刘某某与王某某离婚；二、婚生儿子、女儿均由刘某某抚养，王某某向刘某某支付儿子、女儿抚养费直至孩子年满十八周岁止。

典型意义

根据民法典第一千零八十四条规定，离婚纠纷中，对于已满八周岁的子女，在确定由哪一方直接抚养时，应当尊重其真实意愿。由于未成年人年龄及智力发育尚不完全，基于情感、经济依赖等因素，其表达的意愿可能会受到成年人一定程度的影响，因此，应当全面考察未成年人的生活状况，深入了解其真实意愿，并按照最有利于未成年人的原则判决。本案中，由于儿子表达的意见存在反复，说明其对于和哪一方共同生活以及该生活对自己后续身心健康的影响尚无清晰认识，人民法院慎重考虑王某某的家暴因素，坚持最有利于未成年子女的原则，判决孩子由最有利于其成长的母亲直接抚养，有助于及时阻断家暴代际传递，也表明了对婚姻家庭中施暴方在法律上予以否定性评价的立场。

《民法典》【离婚后子女抚养费的负担】

第一千零八十五条 离婚后，子女由一方直接抚养的，另一方应当负担部分或者全部抚养费。负担费用的多少和期限的长短，由双方协议；协议不成的，由人民法院判决。

> 前款规定的协议或者判决，不妨碍子女在必要时向父母任何一方提出超过协议或者判决原定数额的合理要求。

关联规定

1.《民法典婚姻家庭编解释（一）》

第四十九条　抚养费的数额，可以根据子女的实际需要、父母双方的负担能力和当地的实际生活水平确定。

有固定收入的，抚养费一般可以按其月总收入的百分之二十至三十的比例给付。负担两个以上子女抚养费的，比例可以适当提高，但一般不得超过月总收入的百分之五十。

无固定收入的，抚养费的数额可以依据当年总收入或者同行业平均收入，参照上述比例确定。

有特殊情况的，可以适当提高或者降低上述比例。

第五十条　抚养费应当定期给付，有条件的可以一次性给付。

第五十一条　父母一方无经济收入或者下落不明的，可以用其财物折抵抚养费。

第五十二条　父母双方可以协议由一方直接抚养子女并由直接抚养方负担子女全部抚养费。但是，直接抚养方的抚养能力明显不能保障子女所需费用，影响子女健康成长的，人民法院不予支持。

第五十三条　抚养费的给付期限，一般至子女十八周岁为止。

十六周岁以上不满十八周岁，以其劳动收入为主要生活来源，并能维持当地一般生活水平的，父母可以停止给付抚养费。

第五十四条　生父与继母离婚或者生母与继父离婚时，对曾受其抚养教育的继子女，继父或者继母不同意继续抚养的，仍应由生父或者生母抚养。

第五十五条 离婚后，父母一方要求变更子女抚养关系的，或者子女要求增加抚养费的，应当另行提起诉讼。

第五十八条 具有下列情形之一，子女要求有负担能力的父或者母增加抚养费的，人民法院应予支持：

（一）原定抚养费数额不足以维持当地实际生活水平；

（二）因子女患病、上学，实际需要已超过原定数额；

（三）有其他正当理由应当增加。

第五十九条 父母不得因子女变更姓氏而拒付子女抚养费。父或者母擅自将子女姓氏改为继母或继父姓氏而引起纠纷的，应当责令恢复原姓氏。

2. 《民法典婚姻家庭编解释（二）》

第十七条 离婚后，不直接抚养子女一方未按照离婚协议约定或者以其他方式作出的承诺给付抚养费，未成年子女或者不能独立生活的成年子女请求其支付欠付的抚养费的，人民法院应予支持。

前款规定情形下，如果子女已经成年并能够独立生活，直接抚养子女一方请求另一方支付欠付的费用的，人民法院依法予以支持。

典型案例

谢某梅诉贺某阳离婚纠纷案[①]
——涉家庭暴力离婚纠纷案件的先行判决及抚养费支付方式的确定

关键词

民事　离婚纠纷　家庭暴力　先行判决　准予离婚

[①] 人民法院案例库入库编号：2024-07-2-014-001，2025年5月14日访问。

基本案情

原告谢某梅与被告贺某阳相识后于 2021 年 5 月 20 日登记结婚，于 2022 年 3 月 4 日育有一女贺某某。双方婚后经常发生纠纷，贺某阳时常对谢某梅实施家庭暴力。谢某梅曾于 2021 年 7 月 8 日、2022 年 1 月 13 日、2022 年 9 月 20 日向公安机关报警，派出所向贺某阳出具《家庭暴力告诫书》。贺某阳曾书写《保证书》，保证以后不再对谢某梅实施家暴行为。

2023 年 4 月 15 日，贺某阳在饭店因纠纷用开水浇谢某梅，致使谢某梅全身多处被烫伤。同年 4 月 24 日晚，贺某阳在酒店再次对谢某梅施暴，致使谢某梅遭受严重损伤。同年 4 月 29 日，公安机关决定对贺某阳以故意伤害案立案侦查。经鉴定，谢某梅全身多处损伤，其中重伤二级四处、轻伤二级五处、轻微伤一处；致残程度为三处七级、两处十级。2023 年 12 月，公诉机关以犯故意伤害罪、虐待罪对贺某阳提起公诉；同时，谢某梅对贺某阳提起了刑事附带民事诉讼。

在上述刑事案件审理过程中，谢某梅向法院提起离婚诉讼，请求判令：一、原告谢某梅与被告贺某阳离婚；二、婚生女贺某某随原告谢某梅生活，贺某阳按每月 5000 元的标准支付生活费，贺某某的教育费、医疗费全部由贺某阳承担；三、依法分割双方同居及婚后的夫妻共同财产；四、因家庭暴力导致谢某梅严重伤残的物质损害赔偿金人民币 90 万元（币种下同）、精神损害赔偿金 10 万元等。

此外，由于贺某阳可能存在转移夫妻共同财产的行为，谢某梅对贺某阳及四川某某商贸公司等提起民间借贷纠纷、侵权责任纠纷等诉讼。在本案审理中，上述五件民事案件尚在审理过程中。

四川省成都市武侯区人民法院于 2024 年 5 月 31 日作出（2023）川 0107 民初 15248 号民事判决：一、准予原告谢某梅与被告贺某阳离婚；二、原告与被告的婚生女贺某某由谢某梅直接抚养，被告贺某阳按每月2000元的标准一次性支付至贺某某十八周岁为止的生活费，贺某某在十八周岁前所产生的医疗费、教育费凭有效票据，由原告谢某梅负担40%，被告贺某阳负担60%。宣判后，双方当事人均未上诉，判决已发生法律效力。

裁判理由

夫妻双方应当互相尊重、互相关爱，而家庭暴力极大损害了夫妻感情基础。为此，民法典第一千零七十九条第三款规定："有下列情形之一，调解无效的，应当准予离婚：……（二）实施家庭暴力或者虐待、遗弃家庭成员……"本案中，原告谢某梅所提交的证据足以证明被告贺某阳多次对其实施家庭暴力，并给谢某梅造成了极大身心伤害，依法应当准予谢某梅与贺某阳离婚。与其他离婚诉讼有所不同，在涉家庭暴力离婚纠纷案件审理中，尤须注意妥当处理抚养费支付方式和先行判决离婚等问题。

第一，关于婚生子女的抚养。民法典第一千零八十四条第三款规定："……已满两周岁的子女，父母双方对抚养问题协议不成的，由人民法院根据双方的具体情况，按照最有利于未成年子女的原则判决……"据此，处理子女抚养问题应当从促进子女身心健康的角度出发，充分考虑子女合法权益保障，结合父母双方的抚养能力和抚养条件等具体情况进行判断。本案中，被告贺某阳因涉嫌刑事犯罪被羁押，无直接陪伴贺某某的客观条件，且贺某阳有严重暴力倾向，不宜直接由其直接抚养贺某某，由原告谢某梅直接抚养为宜。

第二，关于抚养费支付方式。根据民法典第一千零八十五条第一款"……负担费用的多少和期限的长短，由双方协议；协议不成的，由人民法院判决"的规定，因谢某梅与贺某阳对抚养费未能协商达成一致意见，法院综合考虑当地实际生活水平、孩子成长的实际需要、贺某阳与谢某梅的经济条件、收入情况等因素，酌情确定贺某阳每月支付贺某某生活费 2000 元，至贺某某某十八周岁为止，贺某某在此期间的教育费、医疗费，凭有效票据，由谢某梅负担 40%，贺某阳负担 60%。《最高人民法院关于适用〈中华人民共和国民法典〉婚姻家庭编的解释（一）》第五十条规定："抚养费应当定期给付，有条件的可以一次性给付。"本案中，贺某阳有个人财产，具备一次性给付的经济基础；而婚生女贺某某年幼，成长过程中需要各种开支，具备一次性给付的现实需要。此外，若定期给付抚养费，谢某梅一次次面对贺某阳，会再次遭受心理创伤，具备一次性给付的关怀需求。基于此，为了保障贺某某成长所需，充分保护妇女儿童合法权益，对谢某梅要求贺某阳一次性支付生活费，法院予以支持。

　　第三，关于先行判决离婚。民事诉讼法第一百五十六条规定："人民法院审理案件，其中一部分事实已经清楚，可以就该部分先行判决。"据此，如果对于一部分诉讼请求相关的事实已经查明，且确有必要就该部分诉讼请求尽快作出裁判的，人民法院可以就该部分先行判决，其他诉讼请求待相关事实查明后，通过后续裁判解决。如此，方能及时保障当事人合法权益，防止诉讼过分迟延。本案中，原告谢某梅提出了分割夫妻共同财产及离婚损害赔偿请求，由于离婚损害赔偿所涉事实尚未查明，法院就是否准予双方离婚及贺某某的抚养问题先行判决。其一，与夫妻共同财产分割及离婚损害赔偿问题相关的案件事实尚未查明。一方面，谢某梅与贺某阳的夫妻共同财产涉及到多起民间借贷纠纷、侵权责任纠纷，且相关案件正在审理中，而夫妻共同财产的范围以及贺某阳是否存在转移、隐匿夫妻共同财产等事实尚未查明，依据现有证据暂时无法对分割夫妻共同财产进行判决。另一方面，根据民法典第一千零九十一条的规定，实施家庭暴力、虐待家庭成员，导致离婚的，无过错方有权请求损害赔偿。据此，鉴于贺某阳对谢某梅实施家庭暴力，使谢

四、离婚析产篇

某梅身心受到巨大伤害,并导致感情破裂,故贺某阳应当对谢某梅进行损害赔偿。但是,贺某阳涉嫌故意伤害罪、虐待罪的刑事案件正在审理中,且谢某梅对贺某阳提起了刑事附带民事诉讼。基于此,所涉赔偿问题应当主要通过相应的刑事附带民事诉讼程序予以解决,至少应当待相应刑事案件审结后再行处理。其二,为依法保护当事人及弱势群体合法权益,保障妇女的身心健康,让谢某梅早日从婚姻带来的伤害中解脱,并及时妥善解决贺某某的抚养问题,可以根据已经查明的事实对是否准予离婚及子女由谁抚养的问题先行判决,至于分割夫妻共同财产、离婚损害赔偿的问题,待相关事实查明后再行判决。

裁判要旨

1. 对于在离婚纠纷中涉及的准予离婚、子女抚养,财产分割、债务处理等事项,短时间内难以全部查清,而一方当事人又遭受家庭暴力,人民法院认定夫妻感情确已破裂的,可以依据民事诉讼法第一百五十六条的规定,先行判决解除双方夫妻关系和处理其他已经查明的相关诉讼请求;待查明全部事实后,再对其他诉讼请求进行判决。

2. 在审理涉家庭暴力离婚纠纷案件中,应当综合考虑当地实际生活水平、子女成长开支、双方当事人的经济条件、收入情况及定期给付抚养费对被家暴当事人身心健康的影响,妥当确定抚养费支付方式。对于不直接抚养子女一方具备一次性给付的经济基础,且存在危害对方身心健康风险的,人民法院对一次性支付抚养费用的请求依法予以支持。

关联索引

《中华人民共和国民法典》第 1079 条、第 1084 条
《中华人民共和国民事诉讼法》第 156 条
《最高人民法院关于适用〈中华人民共和国民法典〉婚姻家庭

编的解释（一）》第 50 条

一审：四川省成都市武侯区人民法院（2023）川 0107 民初 15248 号民事判决（2024 年 5 月 31 日）

《民法典》【探望子女权利】

第一千零八十六条 离婚后，不直接抚养子女的父或者母，有探望子女的权利，另一方有协助的义务。

行使探望权利的方式、时间由当事人协议；协议不成的，由人民法院判决。

父或者母探望子女，不利于子女身心健康的，由人民法院依法中止探望；中止的事由消失后，应当恢复探望。

关联规定

《民法典婚姻家庭编解释（一）》

第六十五条 人民法院作出的生效的离婚判决中未涉及探望权，当事人就探望权问题单独提起诉讼的，人民法院应予受理。

第六十六条 当事人在履行生效判决、裁定或者调解书的过程中，一方请求中止探望的，人民法院在征询双方当事人意见后，认为需要中止探望的，依法作出裁定；中止探望的情形消失后，人民法院应当根据当事人的请求书面通知其恢复探望。

第六十七条 未成年子女、直接抚养子女的父或者母以及其他对未成年子女负担抚养、教育、保护义务的法定监护人，有权向人民法院提出中止探望的请求。

第六十八条 对于拒不协助另一方行使探望权的有关个人或者

组织，可以由人民法院依法采取拘留、罚款等强制措施，但是不能对子女的人身、探望行为进行强制执行。

典型案例

邱某诉陈某探望权纠纷案[1]
——当事人基于新的事实起诉请求变更探视权行使方式的，不属于重复起诉

关键词

民事　探望权　调解　重复起诉　受理

基本案情

邱某与陈某离婚纠纷一案，经调解，人民法院作出民事调解书。调解书载明邱某每周可探望孩子一次，陈某应给予协助。但调解书没有明确邱某探视孩子的具体时间、地点和方式。因陈某一直拒绝履行协助义务，导致邱某无法正常行使探视权。邱某遂向法院提起诉讼，请求判令：1. 陈某停止以各种形式阻碍邱某行使探视权；2. 陈某协助邱某行使探视权，并规定探望时间、地点、方式。

广东省普宁市人民法院于 2022 年 12 月 9 日作出（2022）粤 5281 民初 4186 号民事裁定：对邱某的起诉，不予受理。邱某不服，提起上诉。广东省揭阳市中级人民法院于 2023 年 2 月 24 日作出（2023）粤 52 民终 138 号民事裁定：一、撤销广东省普宁市人民法院（2022）粤 5281 民初 4186 号民事裁定；二、本案指令广东省普宁市人民法院立案受理。

---

[1]　人民法院案例库入库编号：2024-01-2-027-001，2025 年 5 月 14 日访问。

裁判理由

法院生效裁判认为，《中华人民共和国民法典》第一千零八十六条规定："离婚后，不直接抚养子女的父或者母，有探望子女的权利，另一方有协助的义务。行使探望权利的方式、时间由当事人协议；协议不成的，由人民法院判决。父或者母探望子女，不利于子女身心健康的，由人民法院依法中止探望；中止的事由消失后，应当恢复探望。"《最高人民法院关于适用〈中华人民共和国民事诉讼法〉的解释》第二百四十八条规定："裁判发生法律效力后，发生新的事实，当事人再次提起诉讼的，人民法院应当受理。"邱某与陈某离婚纠纷一案，民事调解书虽已对探望权行使予以明确，但探望权的行使方式、时间并不明确，双方又无法达成协议。邱某基于探望权行使产生的新需求，并针对调解书未具体约定的探望权行使方式、时间提起诉讼的，应当认定为有新的事实和理由。邱某的起诉，不属于重复起诉，人民法院应予受理。一审法院裁定不予受理不当，应予纠正。故二审法院裁定撤销一审民事裁定，指令一审法院立案受理。

裁判要旨

基于身份关系产生的探望权纠纷具有特殊性。随着未成年子女的成长和当事人实际情况改变，探望权行使方式的基础条件可能在生效法律文书作出后发生变化，当事人对探望权行使产生新的需求，构成可以再次提起诉讼请求变更探望权行使方式的新事实。生效调解书虽确认双方就探望权行使达成的协议，但若协议约定的探望方式、时间并不明确，实际履行过程中双方因有争议而导致探望权无法实际行使的，当事人可以针对探望权的行使方式、时间等，另行提起诉讼。

关联索引

《中华人民共和国民法典》第1086条

《最高人民法院关于适用〈中华人民共和国民事诉讼法〉的解释》（法释〔2015〕5号，2022年修正）第248条

一审：普宁市人民法院（2022）粤5281民初4186号民事裁定（2022年12月9日）

二审：广东省揭阳市中级人民法院（2023）粤52民终138号民事裁定（2023年2月24日）

《民法典》【离婚时夫妻共同财产的处理】

> 第一千零八十七条 离婚时，夫妻的共同财产由双方协议处理；协议不成的，由人民法院根据财产的具体情况，按照照顾子女、女方和无过错方权益的原则判决。
>
> 对夫或者妻在家庭土地承包经营中享有的权益等，应当依法予以保护。

关联规定

1. 《民法典婚姻家庭编解释（一）》

第五条 当事人请求返还按照习俗给付的彩礼的，如果查明属于以下情形，人民法院应当予以支持：

（一）双方未办理结婚登记手续；

（二）双方办理结婚登记手续但确未共同生活；

（三）婚前给付并导致给付人生活困难。

适用前款第二项、第三项的规定，应当以双方离婚为条件。

第六十九条 当事人达成的以协议离婚或者到人民法院调解离婚为条件的财产以及债务处理协议，如果双方离婚未成，一方在离

婚诉讼中反悔的，人民法院应当认定该财产以及债务处理协议没有生效，并根据实际情况依照民法典第一千零八十七条和第一千零八十九条的规定判决。

当事人依照民法典第一千零七十六条签订的离婚协议中关于财产以及债务处理的条款，对男女双方具有法律约束力。登记离婚后当事人因履行上述协议发生纠纷提起诉讼的，人民法院应当受理。

第七十条 夫妻双方协议离婚后就财产分割问题反悔，请求撤销财产分割协议的，人民法院应当受理。

人民法院审理后，未发现订立财产分割协议时存在欺诈、胁迫等情形的，应当依法驳回当事人的诉讼请求。

第七十二条 夫妻双方分割共同财产中的股票、债券、投资基金份额等有价证券以及未上市股份有限公司股份时，协商不成或者按市价分配有困难的，人民法院可以根据数量按比例分配。

第七十三条 人民法院审理离婚案件，涉及分割夫妻共同财产中以一方名义在有限责任公司的出资额，另一方不是该公司股东的，按以下情形分别处理：

（一）夫妻双方协商一致将出资额部分或者全部转让给该股东的配偶，其他股东过半数同意，并且其他股东均明确表示放弃优先购买权的，该股东的配偶可以成为该公司股东；

（二）夫妻双方就出资额转让份额和转让价格等事项协商一致后，其他股东半数以上不同意转让，但愿意以同等条件购买该出资额的，人民法院可以对转让出资所得财产进行分割。其他股东半数以上不同意转让，也不愿意以同等条件购买该出资额的，视为其同意转让，该股东的配偶可以成为该公司股东。

用于证明前款规定的股东同意的证据，可以是股东会议材料，也可以是当事人通过其他合法途径取得的股东的书面声明材料。

第七十四条 人民法院审理离婚案件，涉及分割夫妻共同财产中以一方名义在合伙企业中的出资，另一方不是该企业合伙人的，当夫妻双方协商一致，将其合伙企业中的财产份额全部或者部分转让给对方时，按以下情形分别处理：

（一）其他合伙人一致同意的，该配偶依法取得合伙人地位；

（二）其他合伙人不同意转让，在同等条件下行使优先购买权的，可以对转让所得的财产进行分割；

（三）其他合伙人不同意转让，也不行使优先购买权，但同意该合伙人退伙或者削减部分财产份额的，可以对结算后的财产进行分割；

（四）其他合伙人既不同意转让，也不行使优先购买权，又不同意该合伙人退伙或者削减部分财产份额的，视为全体合伙人同意转让，该配偶依法取得合伙人地位。

第七十五条　夫妻以一方名义投资设立个人独资企业的，人民法院分割夫妻在该个人独资企业中的共同财产时，应当按照以下情形分别处理：

（一）一方主张经营该企业的，对企业资产进行评估后，由取得企业资产所有权一方给予另一方相应的补偿；

（二）双方均主张经营该企业的，在双方竞价基础上，由取得企业资产所有权的一方给予另一方相应的补偿；

（三）双方均不愿意经营该企业的，按照《中华人民共和国个人独资企业法》等有关规定办理。

第七十六条　双方对夫妻共同财产中的房屋价值及归属无法达成协议时，人民法院按以下情形分别处理：

（一）双方均主张房屋所有权并且同意竞价取得的，应当准许；

（二）一方主张房屋所有权的，由评估机构按市场价格对房屋作出评估，取得房屋所有权的一方应当给予另一方相应的补偿；

（三）双方均不主张房屋所有权的，根据当事人的申请拍卖、变卖房屋，就所得价款进行分割。

第七十七条 离婚时双方对尚未取得所有权或者尚未取得完全所有权的房屋有争议且协商不成的，人民法院不宜判决房屋所有权的归属，应当根据实际情况判决由当事人使用。

当事人就前款规定的房屋取得完全所有权后，有争议的，可以另行向人民法院提起诉讼。

第七十八条 夫妻一方婚前签订不动产买卖合同，以个人财产支付首付款并在银行贷款，婚后用夫妻共同财产还贷，不动产登记于首付款支付方名下的，离婚时该不动产由双方协议处理。

依前款规定不能达成协议的，人民法院可以判决该不动产归登记一方，尚未归还的贷款为不动产登记一方的个人债务。双方婚后共同还贷支付的款项及其相对应财产增值部分，离婚时应根据民法典第一千零八十七条第一款规定的原则，由不动产登记一方对另一方进行补偿。

第七十九条 婚姻关系存续期间，双方用夫妻共同财产出资购买以一方父母名义参加房改的房屋，登记在一方父母名下，离婚时另一方主张按照夫妻共同财产对该房屋进行分割的，人民法院不予支持。购买该房屋时的出资，可以作为债权处理。

第八十条 离婚时夫妻一方尚未退休、不符合领取基本养老金条件，另一方请求按照夫妻共同财产分割基本养老金的，人民法院不予支持；婚后以夫妻共同财产缴纳基本养老保险费，离婚时一方主张将养老金账户中婚姻关系存续期间个人实际缴纳部分及利息作为夫妻共同财产分割的，人民法院应予支持。

第八十一条 婚姻关系存续期间，夫妻一方作为继承人依法可以继承的遗产，在继承人之间尚未实际分割，起诉离婚时另一方请求分割的，人民法院应当告知当事人在继承人之间实际分割遗产后另行起诉。

第八十二条 夫妻之间订立借款协议，以夫妻共同财产出借给一方从事个人经营活动或者用于其他个人事务的，应视为双方约定处分夫妻共同财产的行为，离婚时可以按照借款协议的约定处理。

第八十三条 离婚后，一方以尚有夫妻共同财产未处理为由向人民法院起诉请求分割的，经审查该财产确属离婚时未涉及的夫妻共同财产，人民法院应当依法予以分割。

2.《民法典婚姻家庭编解释（二）》

第四条 双方均无配偶的同居关系析产纠纷案件中，对同居期间所得的财产，有约定的，按照约定处理；没有约定且协商不成的，人民法院按照以下情形分别处理：

（一）各自所得的工资、奖金、劳务报酬、知识产权收益，各自继承或者受赠的财产以及单独生产、经营、投资的收益等，归各自所有；

（二）共同出资购置的财产或者共同生产、经营、投资的收益以及其他无法区分的财产，以各自出资比例为基础，综合考虑共同生活情况、有无共同子女、对财产的贡献大小等因素进行分割。

第五条 婚前或者婚姻关系存续期间，当事人约定将一方所有的房屋转移登记至另一方或者双方名下，离婚诉讼时房屋所有权尚未转移登记，双方对房屋归属或者分割有争议且协商不成的，人民法院可以根据当事人诉讼请求，结合给予目的，综合考虑婚姻关系存续时间、共同生活及孕育共同子女情况、离婚过错、对家庭的贡献大小以及离婚时房屋市场价格等因素，判决房屋归其中一方所有，并确定是否由获得房屋一方对另一方予以补偿以及补偿的具体数额。

婚前或者婚姻关系存续期间，一方将其所有的房屋转移登记至另一方或者双方名下，离婚诉讼中，双方对房屋归属或者分割有争议且协商不成的，如果婚姻关系存续时间较短且给予方无重大过错，人民法院可以根据当事人诉讼请求，判决该房屋归给予方所有，并结合给予目的，综合考虑共同生活及孕育共同子女情况、离婚过错、对家庭的贡献大小以及离婚时房屋市场价格等因素，确定是否由获得房屋一方对另一方予以补偿以及补偿的具体数额。

给予方有证据证明另一方存在欺诈、胁迫、严重侵害给予方或者其近亲属合法权益、对给予方有扶养义务而不履行等情形，请求撤销前两款规定的民事法律行为的，人民法院依法予以支持。

第八条　婚姻关系存续期间，夫妻购置房屋由一方父母全额出资，如果赠与合同明确约定只赠与自己子女一方的，按照约定处理；没有约定或者约定不明确的，离婚分割夫妻共同财产时，人民法院可以判决该房屋归出资人子女一方所有，并综合考虑共同生活及孕育共同子女情况、离婚过错、对家庭的贡献大小以及离婚时房屋市场价格等因素，确定是否由获得房屋一方对另一方予以补偿以及补偿的具体数额。

婚姻关系存续期间，夫妻购置房屋由一方父母部分出资或者双方父母出资，如果赠与合同明确约定相应出资只赠与自己子女一方的，按照约定处理；没有约定或者约定不明确的，离婚分割夫妻共同财产时，人民法院可以根据当事人诉讼请求，以出资来源及比例为基础，综合考虑共同生活及孕育共同子女情况、离婚过错、对家庭的贡献大小以及离婚时房屋市场价格等因素，判决房屋归其中一方所有，并由获得房屋一方对另一方予以合理补偿。

第九条　夫妻一方转让用夫妻共同财产出资但登记在自己名下的有限责任公司股权，另一方以未经其同意侵害夫妻共同财产利益为由请求确认股权转让合同无效的，人民法院不予支持，但有证据证明转让人与受让人恶意串通损害另一方合法权益的除外。

第十条　夫妻以共同财产投资有限责任公司，并均登记为股东，双方对相应股权的归属没有约定或者约定不明确，离婚时，一方请求按照股东名册或者公司章程记载的各自出资额确定股权分割比例的，人民法院不予支持；对当事人分割夫妻共同财产的请求，人民法院依照民法典第一千零八十七条规定处理。

第二十条　离婚协议约定将部分或者全部夫妻共同财产给予子女，离婚后，一方在财产权利转移之前请求撤销该约定的，人民法院不予支持，但另一方同意的除外。

一方不履行前款离婚协议约定的义务，另一方请求其承担继续履行或者因无法履行而赔偿损失等民事责任的，人民法院依法予以支持。

双方在离婚协议中明确约定子女可以就本条第一款中的相关财产直接主张权利，一方不履行离婚协议约定的义务，子女请求参照适用民法典第五百二十二条第二款规定，由该方承担继续履行或者因无法履行而赔偿损失等民事责任的，人民法院依法予以支持。

离婚协议约定将部分或者全部夫妻共同财产给予子女，离婚后，一方有证据证明签订离婚协议时存在欺诈、胁迫等情形，请求撤销该约定的，人民法院依法予以支持；当事人同时请求分割该部分夫妻共同财产的，人民法院依照民法典第一千零八十七条规定处理。

3.《妇女权益保障法》

第六十九条　离婚时，分割夫妻共有的房屋或者处理夫妻共同租住的房屋，由双方协议解决；协议不成的，可以向人民法院提起诉讼。

典型案例

1. 张某与赵某婚约财产纠纷案[①]
——男女双方举行结婚仪式后共同生活较长时间且已育有子女,一般不支持返还彩礼

【基本案情】

张某与赵某(女)于2018年11月经人介绍相识,自2019年2月起共同生活,于2020年6月生育一子。2021年1月双方举行结婚仪式,至今未办理结婚登记手续。赵某收到张某彩礼款160000元。后双方感情破裂,于2022年8月终止同居关系。张某起诉主张赵某返还80%彩礼,共计128000元。

【裁判结果】

审理法院认为,双方自2019年2月起即共同生活并按民间习俗举行了婚礼,双方在共同生活期间生育一子,现已年满2周岁,且共同生活期间必然因日常消费及生育、抚养孩子产生相关费用,若在以夫妻名义共同生活数年且已共同养育子女2年后仍要求返还彩礼,对赵某明显不公平,故判决驳回张某的诉讼请求。

【典型意义】

习近平总书记强调指出,家庭是社会的基本细胞,是人生的第一所学校。不论时代发生多大变化,不论生活格局发生多大变化,我们都要重视家庭建设,注重家庭、注重家教、注重家风。民法典规定,家庭应当树立优良家风,弘扬家庭美德,重视家庭文明建设;保护妇女、未成年人、老年人、残疾人的合法权益。人民法院在审理涉及彩礼纠纷案件中要坚决贯彻落实习近平总书记关于家庭

[①] 参见《人民法院涉彩礼纠纷典型案例》,载最高人民法院官网,https://www.court.gov.cn/zixun/xiangqing/419922.html,2025年4月22日访问,案例标题有微调。

190

家教家风建设的重要论述精神和民法典的相关规定。《最高人民法院关于适用〈中华人民共和国民法典〉婚姻家庭编的解释（一）》第五条关于未办理结婚登记手续应返还彩礼的规定，应当限于未共同生活的情形。已经共同生活的双方因未办理结婚登记手续不具有法律上的夫妻权利义务关系，但在审理彩礼返还纠纷时，不应当忽略共同生活的"夫妻之实"。该共同生活的事实不仅承载着给付彩礼一方的重要目的，也会对女性身心健康产生一定程度的影响，尤其是在孕育子女等情况下。如果仅因未办理结婚登记而要求接受彩礼一方全部返还，有违公平原则，也不利于保护妇女合法权益。本案中，双方当事人虽未办理结婚登记，但按照当地习俗举办了婚礼，双方以夫妻名义共同生活三年有余，且已生育一子。本案判决符合当地风俗习惯，平衡各方当事人利益，特别体现了对妇女合法权益的保护。

2. 刘某与朱某婚约财产纠纷案[①]
——已办理结婚登记，仅有短暂同居经历尚未形成稳定共同生活的，应扣除共同消费等费用后返还部分彩礼

【基本案情】

刘某与朱某（女）2020年7月确立恋爱关系，2020年9月登记结婚。刘某于结婚当月向朱某银行账户转账一笔80万元并附言为"彩礼"，转账一笔26万元并附言为"五金"。双方分别在不同省份的城市工作生活。后因筹备举办婚礼等事宜发生纠纷，双方于2020年11月协议离婚，婚姻关系存续不到三个月。婚后未生育子女，无共同财产，无共同债权债务。双方曾短暂同居，并因筹备婚

[①] 参见《人民法院涉彩礼纠纷典型案例》，载最高人民法院官网，https：//www.court.gov.cn/zixun/xiangqing/419922.html，2025年4月22日访问，案例标题有微调。

宴、拍婚纱照、共同旅游、亲友相互往来等发生部分费用。离婚后，因彩礼返还问题发生争议，刘某起诉请求朱某返还彩礼106万元。

【裁判结果】

审理法院认为，彩礼是男女双方在缔结婚姻时一方依据习俗向另一方给付的钱物。关于案涉款项的性质，除已明确注明为彩礼的80万元款项外，备注为"五金"的26万元亦符合婚礼习俗中对于彩礼的一般认知，也应当认定为彩礼。关于共同生活的认定，双方虽然已经办理结婚登记，但从后续拍摄婚纱照、筹备婚宴的情况看，双方仍在按照习俗举办婚礼仪式的过程中。双方当事人婚姻关系仅存续不到三个月，期间双方工作、生活在不同的城市，对于后续如何工作、居住、生活未形成一致的规划。双方虽有短暂同居经历，但尚未形成完整的家庭共同体和稳定的生活状态，不能认定为已经有稳定的共同生活。鉴于双方已经登记结婚，且刘某支付彩礼后双方有共同筹备婚礼仪式、共同旅游、亲友相互往来等共同开销的情况，对该部分费用予以扣减。据此，法院酌情认定返还彩礼80万元。

【典型意义】

涉彩礼返还纠纷中，不论是已办理结婚登记还是未办理结婚登记的情况，在确定是否返还以及返还的具体比例时，共同生活时间均是重要的考量因素。但是，案件情况千差万别，对何谓"共同生活"，很难明确规定统一的标准，而应当具体情况具体分析。本案中，双方婚姻关系存续时间短，登记结婚后仍在筹备婚礼过程中，双方对于后续如何工作、居住、生活未形成一致的规划，未形成完整的家庭共同体和稳定的生活状态，不宜认定为已经共同生活。但是，考虑到办理结婚登记以及短暂同居经历对女方的影响、双方存在共同消费、彩礼数额过高等因素，判决酌情返还大部分彩礼，能够妥善平衡双方利益。

3. 张某某与赵某某、赵某、王某婚约财产纠纷案[①]
——婚约财产纠纷中，接受彩礼的婚约方父母可作为共同被告

【基本案情】

张某某与赵某某（女）经人介绍认识，双方于2022年4月定亲。张某某给付赵某某父母赵某和王某定亲礼36600元；2022年9月张某某向赵某某银行账户转账彩礼136600元。赵某某等购置价值1120元的嫁妆并放置在张某某处。双方未办理结婚登记，未举行结婚仪式。2022年9月，双方解除婚约后因彩礼返还问题发生争议，张某某起诉请求赵某某及其父母赵某、王某共同返还彩礼173200元。

【裁判结果】

审理法院认为，双方未办理结婚登记，现有证据不足以证明张某某与赵某某持续、稳定地共同生活，张某某不存在明显过错，但在案证据也能证实赵某某为缔结婚姻亦有付出的事实，故案涉定亲礼、彩礼在扣除嫁妆后应予适当返还。关于赵某、王某是否系本案适格被告的问题，审理法院认为，关于案涉彩礼136600元，系张某某以转账方式直接给付赵某某，应由赵某某承担返还责任，扣除嫁妆后，酌定返还121820元；关于案涉定亲礼36600元，系赵某某与其父母共同接收，应由赵某某、赵某、王某承担返还责任，酌定返还32940元。

【典型意义】

民法典第十条规定，处理民事纠纷，应当依照法律；法律没有

[①] 参见《人民法院涉彩礼纠纷典型案例》，载最高人民法院官网，https://www.court.gov.cn/zixun/xiangqing/419922.html，2025年4月22日访问，案例标题有微调。

规定的，可以适用习惯，但是不得违背公序良俗。法律没有就彩礼问题予以规定，人民法院应当在不违背公序良俗的情况下按照习惯处理涉彩礼纠纷。根据中国传统习俗，缔结婚约的过程中，一般是由男女双方父母在亲朋、媒人等见证下共同协商、共同参与完成彩礼的给付。因此，在确定诉讼当事人时，亦应当考虑习惯做法。当然，各地区、各家庭情况千差万别，彩礼接收人以及对该笔款项如何使用，情况非常复杂，既有婚约当事人直接接收的，也有婚约当事人父母接收的；彩礼的去向也呈现不同样态，既有接收一方将彩礼作为嫁妆一部分返还的，也有全部返回给婚约当事人作为新家庭生活启动资金的，还有的由接收彩礼一方父母另作他用。如果婚约当事人一方的父母接收彩礼的，可视为与其子女的共同行为，在婚约财产纠纷诉讼中，将婚约一方及父母共同列为当事人，符合习惯，也有利于查明彩礼数额、彩礼实际使用情况等案件事实，从而依法作出裁判。

4. 范某某与许某某离婚纠纷案[1]

——婚姻关系存续期间，一方父母将其房产转移登记至夫妻双方名下，离婚分割夫妻共同财产时，人民法院可以判决房屋归出资方子女所有，并综合考虑婚姻关系存续时间、共同生活情况等因素合理补偿对方

【基本案情】

2019年12月，许某某（男）父母全款购买案涉房屋。2020年5月，范某某与许某某登记结婚。2021年8月，许某某父母将案涉房屋转移登记至范某某、许某某双方名下。范某某与许某某婚后未

---

[1] 参见《涉婚姻家庭纠纷典型案例》，载最高人民法院官网，https://www.court.gov.cn/zixun/xiangqing/452761.html，2025年4月22日访问，案例标题有微调。

生育子女。2024年，因家庭矛盾较大，范某某提起本案诉讼，请求判决其与许某某离婚，并平均分割案涉房屋。许某某辩称，同意离婚，但该房屋是其父母全款购买，范某某无权分割。诉讼中，双方均认可案涉房屋市场价值为30万元。

【裁判结果】

审理法院认为，范某某起诉离婚，许某某同意离婚，视为夫妻感情确已破裂，故依法准予离婚。关于案涉房屋的分割，虽然该房屋所有权已在双方婚姻关系存续期间转移登记至范某某和许某某双方名下，属于夫妻共同财产。但考虑到该房屋系许某某父母基于范某某与许某某长期共同生活的目的进行赠与，而范某某与许某某婚姻关系存续时间较短，且无婚生子女，为妥善平衡双方当事人利益，故结合赠与目的、出资来源等事实，判决案涉房屋归许某某所有，同时参考房屋市场价格，酌定许某某补偿范某某7万元。

【典型意义】

根据民法典第1087条规定，离婚时，夫妻的共同财产由双方协议处理；协议不成的，由人民法院根据财产的具体情况，按照照顾子女、女方和无过错方权益的原则判决。婚姻关系存续期间，由一方父母全额出资购置的房屋转移登记至夫妻双方名下，离婚分割夫妻共同财产时，可以根据该财产的出资来源情况，判决该房屋归出资方子女所有，但需综合考虑共同生活及孕育共同子女情况、离婚过错、离婚时房屋市场价格等因素，确定是否由获得房屋一方对另一方予以补偿以及补偿的具体数额。本案中，人民法院综合考虑婚姻关系存续时间较短、未孕育共同子女、房屋市场价格等因素，判决房屋归出资方子女所有，并酌定出资方子女补偿对方7万元，既保护了父母的合理预期和财产权益，也肯定和鼓励了对家庭的投入和付出，较好地平衡了双方利益。

5. 郑某诉施某婚约财产纠纷案[①]
——关于彩礼与恋爱赠与的区分认定

关键词

民事　婚约财产　恋爱赠与　共同生活

基本案情

郑某与施某（女）在2022年5月确立恋爱关系。为缔结婚姻，郑某在2022年6月现金支付施某10万元，同年7月3日通过转账支付施某10万元。后双方未能办理结婚登记手续。同年10月，施某提出分手。郑某起诉要求施某返还彩礼，施某辩称，该20万元是郑某为增进感情自愿赠与她的款项，并非彩礼。

福建省平潭县人民法院于2022年12月29日作出（2022）闽0128民初5080号民事判决：一、施某应于本判决生效之日起十日内返还郑某彩礼20万元。宣判后，双方当事人均未提起上诉，一审判决已发生效力。

裁判理由

法院生效判决认为：从查明的事实看，双方有缔结婚姻的目的。郑某在双方确立恋爱关系后不久，即于2022年6月、7月分批支付各10万元的整笔款项，与双方其他零散资金往来相比，支付方式有明显区别。因此，郑某主张该笔款项系为缔结婚姻支付的彩礼，与施某主张系承诺赠与其花销的费用相比，明显更具有合理性。双方并未办理婚姻登记手续，郑某要求施某某返还，于法有据，予以支持。

裁判要旨

判断某笔款项是彩礼还是恋爱期间的一般赠与，主观上要看双方是否以结婚为目的，客观上要考察支付款项类型、支付方式是否

[①] 人民法院案例库入库编号：2023-07-2-012-005，2025年5月14日访问。

具有习俗性、给付财物的数额、给付方经济状况等因素。

关联索引

《最高人民法院关于适用〈中华人民共和国民法典〉婚姻家庭编的解释（一）》第5条

一审：福建省平潭县人民法院（2022）闽0128民初5080号民事判决（2022年12月29日）

6. 董某诉朱某等婚约财产纠纷案①
——已办理结婚登记，仅有短暂同居经历尚未形成稳定共同生活的，应扣除共同消费等费用后返还部分彩礼

关键词

民事　婚约财产　返还部分彩礼　同居　共同消费

基本案情

董某与朱某（女）2020年7月确立恋爱关系，2020年9月登记结婚。董某于结婚当月向朱某银行账户转账一笔80万元并附言为"彩礼"，转账一笔26万元并附言为"五金"。双方分别在不同省份的城市工作生活。后因筹备举办婚礼等事宜发生纠纷，双方于2020年11月协议离婚，婚姻关系存续不到三个月。婚后未生育子女，无共同财产，无共同债权债务。双方曾短暂同居，并因筹备婚宴、拍婚纱照、共同旅游、亲友相互往来等发生部分费用。离婚后，因彩礼返还问题发生争议，董某起诉请求朱某返还彩礼106万元。

江苏省太仓市人民法院于2021年7月14日作出（2021）苏0585民初1686号民事判决：一、朱某于判决生效之日起10日内退还董某彩礼80万元；二、驳回董某的其他诉讼请求。宣判后，朱

---

① 人民法院案例库入库编号：2023-07-2-012-003，2025年5月14日访问。

某、董某不服一审判决，提出上诉。江苏省苏州市中级人民法院于 2021 年 11 月 30 日作出（2021）苏 05 民终 10300 号民事判决：驳回上诉，维持原判。

裁判理由

法院生效判决认为：彩礼是男女双方在缔结婚姻时一方依据习俗向另一方给付的钱物。关于案涉款项的性质，除已明确注明为彩礼的 80 万元款项外，备注为"五金"的 26 万元亦符合婚礼习俗中对于彩礼的一般认知，也应当认定为彩礼。关于共同生活的认定，双方虽然已经办理结婚登记，但从后续拍摄婚纱照、筹备婚宴的情况看，双方仍在按照习俗举办婚礼仪式的过程中。双方当事人婚姻关系仅存续不到三个月，期间双方工作、生活在不同的城市，对于后续如何工作、居住、生活未形成一致的规划。双方虽有短暂同居经历，但尚未形成完整的家庭共同体和稳定的生活状态，不能认定为已经有稳定的共同生活。鉴于双方已经登记结婚，且董某支付彩礼后双方有共同筹备婚礼仪式、共同旅游、亲友相互往来等共同开销的情况，对该部分费用予以扣减。据此，法院酌情认定返还彩礼 80 万元。

裁判要旨

涉彩礼返还纠纷中，不论是已办理结婚登记还是未办理结婚登记的情况，在确定是否返还以及返还的具体比例时，共同生活时间均是重要的考量因素。本案中，双方婚姻关系存续时间短，登记结婚后仍在筹备婚礼过程中，双方对于后续如何工作、居住、生活未形成一致的规划，未形成完整的家庭共同体和稳定的生活状态，不宜认定为已经共同生活。但是，考虑到办理结婚登记以及短暂同居经历对女方的影响、双方存在共同消费、彩礼数额过高等因素，判决酌情返还大部分彩礼，能够妥善平衡双方利益。

关联索引

《最高人民法院关于适用〈中华人民共和国民法典〉婚姻家庭

编的解释（一）》第5条（本案适用《最高人民法院关于适用〈中华人民共和国婚姻法〉若干问题的解释（二）》第10条）

一审：江苏省太仓市人民法院（2021）苏0585民初1686号民事判决（2021年7月14日）

二审：江苏省苏州市中级人民法院（2021）苏05民终10300号民事判决（2021年11月30日）

7. 李某某诉华某某等婚约财产纠纷案[①]
——男女双方举行结婚仪式后共同生活较长时间且
已育有子女，一般不支持返还彩礼

关键词

民事　婚约财产　共同生活　孕育子女

基本案情

李某某与华某某（女）于2018年11月经人介绍相识，自2019年2月起共同生活，于2020年6月生育一子。2021年1月双方举行结婚仪式，至今未办理结婚登记手续。华某某收到李某某彩礼款160000元。后双方感情破裂，于2022年8月终止同居关系。李某某起诉主张华某某返还80%彩礼，共计128000元。

河南省汝州市人民法院于2022年3月28日作出（2022）豫0482民初1417号民事判决：驳回李某某的诉讼请求。宣判后，李某某不服一审判决，提出上诉。河南省平顶山市中级人民法院于2022年6月28日作出（2022）豫04民终1631号民事判决：驳回上诉，维持原判。

[①] 人民法院案例库入库编号：2023-07-2-012-002，2025年5月14日访问。

裁判理由

法院生效判决认为：双方自 2019 年 2 月起即共同生活并按民间习俗举行了婚礼，双方在共同生活期间生育一子，现已年满 2 周岁，且共同生活期间必然因日常消费及生育、抚养孩子产生相关费用，若在以夫妻名义共同生活数年且已共同养育子女 2 年后仍要求返还彩礼，对华某某明显不公平，故判决驳回李某某的诉讼请求。

裁判要旨

《最高人民法院关于适用〈中华人民共和国民法典〉婚姻家庭编的解释（一）》第五条关于未办理结婚登记手续应返还彩礼的规定，应当限于未共同生活的情形。已经共同生活的双方因未办理结婚登记手续不具有法律上的夫妻权利义务关系，但在审理彩礼返还纠纷时，不应当忽略共同生活的"夫妻之实"。本案中，双方当事人虽未办理结婚登记，但按照当地习俗举办了婚礼，双方以夫妻名义共同生活三年有余，且已生育一子，驳回返还彩礼的诉讼请求有利于平衡各方当事人利益，特别是对妇女合法权益的保护。

关联索引

《最高人民法院关于适用〈中华人民共和国民法典〉婚姻家庭编的解释（一）》第 5 条

一审：河南省汝州市人民法院（2022）豫 0482 民初 1417 号民事判决（2022 年 3 月 28 日）

二审：河南省平顶山市中级人民法院（2022）豫 04 民终 1631 号民事判决（2022 年 6 月 28 日）

《民法典》【离婚经济补偿】

> 第一千零八十八条　夫妻一方因抚育子女、照料老年人、协助另一方工作等负担较多义务的，离婚时有权向另一方请求补偿，另一方应当给予补偿。具体办法由双方协议；协议不成的，由人民法院判决。

关联规定

1. 《民法典婚姻家庭编解释（二）》

第二十一条　离婚诉讼中，夫妻一方有证据证明在婚姻关系存续期间因抚育子女、照料老年人、协助另一方工作等负担较多义务，依据民法典第一千零八十八条规定请求另一方给予补偿的，人民法院可以综合考虑负担相应义务投入的时间、精力和对双方的影响以及给付方负担能力、当地居民人均可支配收入等因素，确定补偿数额。

2. 《妇女权益保障法》

第六十八条　夫妻双方应当共同负担家庭义务，共同照顾家庭生活。

女方因抚育子女、照料老人、协助男方工作等负担较多义务的，有权在离婚时要求男方予以补偿。补偿办法由双方协议确定；协议不成的，可以向人民法院提起诉讼。

《民法典》【离婚时夫妻共同债务的清偿】

第一千零八十九条 离婚时，夫妻共同债务应当共同偿还。共同财产不足清偿或者财产归各自所有的，由双方协议清偿；协议不成的，由人民法院判决。

关联规定

1. 《民法典婚姻家庭编解释（一）》

第六十九条 当事人达成的以协议离婚或者到人民法院调解离婚为条件的财产以及债务处理协议，如果双方离婚未成，一方在离婚诉讼中反悔的，人民法院应当认定该财产以及债务处理协议没有生效，并根据实际情况依照民法典第一千零八十七条和第一千零八十九条的规定判决。

当事人依照民法典第一千零七十六条签订的离婚协议中关于财产以及债务处理的条款，对男女双方具有法律约束力。登记离婚后当事人因履行上述协议发生纠纷提起诉讼的，人民法院应当受理。

2. 《民法典婚姻家庭编解释（二）》

第三条 夫妻一方的债权人有证据证明离婚协议中财产分割条款影响其债权实现，请求参照适用民法典第五百三十八条或者第五百三十九条规定撤销相关条款的，人民法院应当综合考虑夫妻共同财产整体分割及履行情况、子女抚养费负担、离婚过错等因素，依法予以支持。

《民法典》【离婚经济帮助】

第一千零九十条 离婚时,如果一方生活困难,有负担能力的另一方应当给予适当帮助。具体办法由双方协议;协议不成的,由人民法院判决。

关联规定

《民法典婚姻家庭编解释(二)》

第二十二条 离婚诉讼中,一方存在年老、残疾、重病等生活困难情形,依据民法典第一千零九十条规定请求有负担能力的另一方给予适当帮助的,人民法院可以根据当事人请求,结合另一方财产状况,依法予以支持。

《民法典》【离婚损害赔偿】

第一千零九十一条 有下列情形之一,导致离婚的,无过错方有权请求损害赔偿:

(一)重婚;

(二)与他人同居;

(三)实施家庭暴力;

(四)虐待、遗弃家庭成员;

(五)有其他重大过错。

关联规定

《民法典婚姻家庭编解释（一）》

第一条 持续性、经常性的家庭暴力，可以认定为民法典第一千零四十二条、第一千零七十九条、第一千零九十一条所称的"虐待"。

第二条 民法典第一千零四十二条、第一千零七十九条、第一千零九十一条规定的"与他人同居"的情形，是指有配偶者与婚外异性，不以夫妻名义，持续、稳定地共同居住。

第八十六条 民法典第一千零九十一条规定的"损害赔偿"，包括物质损害赔偿和精神损害赔偿。涉及精神损害赔偿的，适用《最高人民法院关于确定民事侵权精神损害赔偿责任若干问题的解释》的有关规定。

第八十七条 承担民法典第一千零九十一条规定的损害赔偿责任的主体，为离婚诉讼当事人中无过错方的配偶。

人民法院判决不准离婚的案件，对于当事人基于民法典第一千零九十一条提出的损害赔偿请求，不予支持。

在婚姻关系存续期间，当事人不起诉离婚而单独依据民法典第一千零九十一条提起损害赔偿请求的，人民法院不予受理。

第八十八条 人民法院受理离婚案件时，应当将民法典第一千零九十一条等规定中当事人的有关权利义务，书面告知当事人。在适用民法典第一千零九十一条时，应当区分以下不同情况：

（一）符合民法典第一千零九十一条规定的无过错方作为原告基于该条规定向人民法院提起损害赔偿请求的，必须在离婚诉讼的同时提出。

（二）符合民法典第一千零九十一条规定的无过错方作为被告的离婚诉讼案件，如果被告不同意离婚也不基于该条规定提起损害赔偿请求的，可以就此单独提起诉讼。

（三）无过错方作为被告的离婚诉讼案件，一审时被告未基于民法典第一千零九十一条规定提出损害赔偿请求，二审期间提出的，人民法院应当进行调解；调解不成的，告知当事人另行起诉。双方当事人同意由第二审人民法院一并审理的，第二审人民法院可以一并裁判。

第八十九条 当事人在婚姻登记机关办理离婚登记手续后，以民法典第一千零九十一条规定为由向人民法院提出损害赔偿请求的，人民法院应当受理。但当事人在协议离婚时已经明确表示放弃该项请求的，人民法院不予支持。

第九十条 夫妻双方均有民法典第一千零九十一条规定的过错情形，一方或者双方向对方提出离婚损害赔偿请求的，人民法院不予支持。

典型案例

1. 徐某贵诉张某琴离婚纠纷案[①]

——夫妻一方拒不履行扶养义务，造成事实上遗弃另一方的，
应当认定其为过错方并承担相应损害赔偿责任

关键词

民事　离婚　扶养义务　遗弃　过错　离婚损害赔偿

基本案情

徐某贵与张某琴于 1988 年相识，2014 年 4 月经他人介绍确定男女朋友关系，2015 年 5 月开始同居生活，2016 年 2 月自愿登记结婚，双方均系再婚。结婚初期双方相处尚好，后在共同生活中逐

[①] 人民法院案例库入库编号：2024-07-2-014-003，2025 年 5 月 14 日访问。

渐产生分歧。2019 年 9 月，张某琴患脑出血，徐某贵将其送往医院住院治疗，交纳医疗费等共计 8625.81 元，并参与照顾。后徐某贵与张某琴之女熊某因照顾事宜发生争吵，就再未去医院照顾、看望。张某琴出院前，医院通知徐某贵办理出院手续，徐某贵以张某琴尚需治疗及自己身体原因无法照顾为由，拒绝办理出院手续及接张某琴回家。张某琴由女儿熊某办理出院手续并接回家住。两天后，徐某贵到熊某家看望时与熊某发生争吵，之后双方再未见面也无联系。2020 年 5 月，张某琴被女儿熊某送回家，因徐某贵不在家，熊某报警，警察打电话联系上徐某贵，徐某贵称住房并非自己所有，张某琴回家未果，被女儿送往某社会福利院老年公寓居住生活。同年 4 月 14 日，徐某贵向西安市未央区人民法院提起离婚诉讼，该法院于 2020 年 11 月 2 日作出（2020）陕 0112 民初 7802 号民事判决，驳回徐某贵的诉讼请求。之后双方继续分居生活，且互不联系、互不履行夫妻义务。2023 年 4 月 6 日徐某贵再次向汉中市汉台区人民法院提起离婚诉讼，审理中，张某琴认可双方感情破裂，同意离婚。但因双方意见分歧，调解无果。

另查明，双方未生育子女，无夫妻共同财产、共同存款、共同债权、共同债务；张某琴为企业退休人员，退休工资较低，其因患脑出血等疾病导致残疾且需长期服药，现无劳动能力。

陕西省汉中市汉台区人民法院于 2023 年 10 月 9 日作出（2023）陕 0702 民初 2086 号判决：一、准予徐某贵与张某琴离婚；二、徐某贵支付张某琴过错损害赔偿金 30000 元；三、徐某贵支付张某琴经济帮助金 30000 元；四、张某琴存放于徐某贵处的衣服、首饰等财物为个人所有，徐某贵应当予以协助和配合其搬离。上述二至四项应履行内容，限本判决生效后三十日内履行。宣判后，双方均未提起上诉，判决已发生法律效力。

裁判理由

徐某贵与张某琴婚姻具有较好的感情基础，徐某贵在妻子患病初期在自己能力范围内尽到了作为丈夫的责任，后与张某琴之女因照顾事宜发生争吵，不再去医院照顾、看望妻子，并拒绝为妻子办理出院手续及接回家，严重伤害了夫妻感情。徐某贵看望妻子时，与其女发生争吵，之后双方再未见面，夫妻感情进一步淡薄。徐某贵向人民法院提起离婚诉讼被判决驳回诉讼请求后仍继续与张某琴分居生活，且互未履行夫妻义务，至今已两年以上；张某琴亦认为双方无法再继续共同生活，同意离婚，应认定双方夫妻感情破裂，且无和好可能，故对其要求判令离婚的诉讼请求，依法予以支持。

徐某贵拒绝为张某琴办理出院手续及接回家，在熊某送张某琴回家时徐某贵未出面导致张某琴无法回家，之后也未履行扶养义务，系导致双方离婚的过错方，依法应当承担相应的损害赔偿责任。结合本案实际，酌情确定由徐某贵赔偿张某琴3万元。张某琴因患脑出血致残，失去劳动能力，且患有慢性病需长期用药，其退休金收入远远不足以承担其医疗、生活等各项支出，属生活困难，徐某贵应依法给予其适当经济帮助。结合徐某贵收入等本案实际，酌定由徐某贵给予张某琴困难经济帮助金3万元。

裁判要旨

《中华人民共和国民法典》第一千零九十一条第（四）项规定，"虐待、遗弃家庭成员"导致离婚的，无过错方有权请求损害赔偿。该规定并未以虐待、遗弃家庭成员的行为构成刑事犯罪为条件。因此，只要夫妻一方实施了虐待、遗弃家庭成员的行为而导致离婚的，人民法院应当在判决准许双方离婚的同时依法判令过错方对无过错方承担损害赔偿责任。

关联索引

《中华人民共和国民法典》第 1091 条

《最高人民法院关于适用〈中华人民共和国民法典〉婚姻家庭编的解释（一）》（法释〔2020〕22 号）第 87 条第 2 款

一审： 陕西省汉中市汉台区人民法院（2023）陕 0702 民初 2086 号民事判决（2023 年 10 月 9 日）

2. 刘某某诉王某某离婚后损害赔偿纠纷案[①]

——离婚后发现子女非亲生的，可以请求返还抚养费、支付精神损害赔偿

关键词

民事　离婚后损害赔偿　非亲生子女　抚养费　精神损害赔偿

基本案情

刘某某向人民法院起诉，请求撤销其与王某某的离婚调解书，由王某某支付非亲生子女抚养费 48000 元，支付过错赔偿及精神损害赔偿 10 万元。

人民法院经审理查明：2007 年，刘某某与王某某相识相恋并开始同居生活，2008 年 4 月 13 日生育男孩刘某甲。2011 年 7 月 11 日，双方在景泰县民政局补办结婚登记手续。婚后于 2014 年 2 月 19 日生育女孩刘某乙。2018 年 4 月 16 日，因夫妻感情破裂，王某某向法院起诉要求与刘某某离婚并分割婚后共同财产，同日，经法院主持调解，双方达成协议，协议约定：长子刘某甲、长女刘某乙均随刘某某共同生活，抚养费刘某某自理；婚后共同财产房屋一套、小型普通客车一辆、杨某某借款债权归王某某享有，王某某给

[①] 人民法院案例库入库编号：2023-07-2-016-001，2025 年 5 月 14 日访问。

付刘某某夫妻共同财产差价款10万元。离婚后，双方为了孩子能够健康成长继续共同生活在一起，刘某某依旧外出打工，王某某及刘某某母亲在家照顾两个孩子并经营早餐店，期间刘某某将赚来的钱转给王某某，用于家庭共同生活及抚养孩子。2020年下半年，王某某与刘某某及其母亲发生矛盾，无法继续共同生活下去，刘某某母亲便回老家居住生活，王某某一人照看两个孩子。2021年3月1日，王某某向法院起诉要求变更两个孩子由其抚养，由刘某某承担两个孩子抚养费共计1600元；同年4月8日经法院主持调解，双方达成协议，协议约定：儿子刘某甲由刘某某抚养，女儿刘某乙由王某某抚养，抚养费均自理；同时约定，2021年两个孩子继续由王某某抚养照顾，刘某某承担两个孩子抚养费15000元，于年底支付清（期间刘某某给付王某某孩子抚养费4000元）。2021年5月14日，经亲子鉴定，排除刘某某是刘某乙的生物学父亲。

甘肃省白银市景泰县人民法院作出判决：一、王某某返还刘某某对王某某孩子（刘某乙）的抚养费用30000元；二、王某某赔偿刘某某精神损害抚慰金20000元；三、驳回刘某某其他诉讼请求。宣判后，双方均不服一审判决，提起上诉。甘肃省白银市中级人民法院驳回上诉，维持原判。

裁判理由

法院生效裁判认为：一、对于精神损害赔偿问题。王某某在与刘某某婚姻关系存续期间，与他人生育女儿，违反了夫妻之间忠诚的义务，王某某的行为存在明显过错，给刘某某造成了精神上的损害，故刘某某主张精神损害赔偿金，有事实和法律依据。一审法院结合过错程度、当地经济水平、王某某的经济能力等综合认定，王某某向刘某某支付精神损害抚慰金20000元，并无不当，王某某上诉称金额过高，缺乏事实和法律依据，不予支持。

二、关于返还抚养费问题。夫妻之间应当相互忠实、相互尊重。刘某某与刘某乙无血缘关系，对刘某乙并无法定抚养义务，故对刘某某为刘某乙所付出的抚养费应当由王某某返还给刘某某。关于返还抚养费的数额，一审法院参照本地区生活消费支出水平，酌定为 30000 元并无不当，予以维持。

裁判要旨

一方在离婚后发现婚生子女非亲生的，有权向另一方请求返还为抚养非亲生子女支出的抚养费，并请求另一方向其支付精神损害赔偿。

关联索引

《中华人民共和国民法典》第 3 条、第 1043 条、第 1085 条、第 1091 条

《最高人民法院关于确定民事侵权精神损害赔偿责任若干问题的解释》第 1 条、第 5 条

一审：甘肃省白银市景泰县人民法院（2021）甘 0423 民初 2631 号民事判决（2021 年 9 月 26 日）

二审：甘肃省白银市中级人民法院（2021）甘 04 民终 1582 号民事判决（2021 年 12 月 27 日）

3. 胡某诉刘某离婚后财产纠纷案[①]

——离婚后发现一方存在重大过错，在法定诉讼时效期间内请求离婚损害赔偿的，人民法院应予支持

关键词

民事　离婚后财产　协议离婚　离婚财产分割　婚内出轨　离婚损害赔偿

[①] 人民法院案例库入库编号：2023-07-2-015-001，2025 年 5 月 14 日访问。

基本案情

胡某诉称：因刘某出轨，双方于2019年协议离婚。离婚后刘某再婚并与再婚配偶生育一子。2022年，胡某偶然得知刘某再婚所生之子的受孕时间系在胡某、刘某婚姻关系存续期间，刘某的上述行为给胡某造成了极大的心理创伤。此外，胡某认为刘某在分割夫妻财产时隐瞒了上述情况，应对夫妻共同财产进行分割。请求法院判令：1.汽车归胡某所有；2.刘某向胡某支付损害赔偿金20万元。

刘某辩称：不同意胡某的诉讼请求。关于涉案车辆，双方离婚后刘某还独自偿还了部分贷款；关于精神损害赔偿金，本案应适用婚姻法及其司法解释的规定，胡某提起离婚损害赔偿的诉讼已超过了协议离婚后一年的期限，法院不应支持。

法院经审理查明：胡某、刘某于2011年登记结婚，婚后生育一女刘某女。后双方于2019年10月在民政局协议离婚，离婚协议约定：刘某女离婚后由女方胡某抚养。关于财产分割，归男方：位于朝阳区某小区房产产权50%，归女方：个人衣物，归女儿刘某女：位于朝阳区某小区房产产权50%；汽车一辆，男女双方各一半。关于债权债务，婚后无债权债务。2019年10月刘某与他人再婚，于2020年4月生育一子刘某男。

北京市通州区人民法院于2022年12月28日作出（2022）京0112民初31451号民事判决：一、小型普通客车归胡某所有，胡某给付刘某补偿款26万元，于判决生效之日起七日内执行清；二、驳回胡某的其他诉讼请求。宣判后，胡某不服一审判决提出上诉。北京市第三中级人民法院于2023年6月21日作出（2023）京03民终2580号民事判决：一、维持北京市通州区人民法院（2022）京0112民初31451号民事判决第一项；二、撤销北京市通州区人民法院（2022）京0112民初31451号民事判决第二项；三、刘某于本判决生效后七日内向胡某支付离婚损害赔偿5万元；四、驳回胡某的其他诉讼请求。

裁判理由

法院生效裁判认为：综合双方诉辩主张和查明事实，本案二审争议焦点为刘某应否向胡某支付离婚损害赔偿。胡某认为刘某存在婚内出轨并与他人生子的行为具有延续性，从维护民事主体权益及弘扬社会主义核心价值观角度出发，应当适用民法典的规定，支持关于离婚损害赔偿的诉求；刘某认为双方在民法典实施前离婚，应当适用婚姻法及其司法解释的相关规定处理，胡某提起离婚损害赔偿的诉讼已经超过协议离婚后一年期限，不应予以支持。就此问题，该争议主要涉及离婚损害赔偿制度中重大过错的认定、提出离婚损害赔偿的时间要求等，需厘清以下三个子问题。

第一，关于离婚损害赔偿的过错行为认定。

2001年修订的婚姻法首次确立了离婚损害赔偿制度，体现在第四十六条，即有下列情形之一，导致离婚的，无过错方有权请求损害赔偿：（一）重婚的；（二）有配偶者与他人同居的；（三）实施家庭暴力的；（四）虐待、遗弃家庭成员的。该规定是我国以立法形式首次确立离婚损害赔偿制度，旨在填补受害配偶的损害，通过给予具有经济赔偿和精神慰藉双重作用的抚慰金以抚慰受害方。但是实践中面对复杂多变的社会生活，婚姻法第四十六条以限制性的列举方式对离婚损害赔偿的法定事由予以规定，无法对其他过错情形进行扩大化解释，难以发挥离婚损害赔偿的适用效果，充分实现该制度制裁导致婚姻解除的过错方的功能，民法典第一千零九十一条采取列举式与概括性规定相结合的立法方式，在婚姻法第四十六条的基础上对离婚损害赔偿制度予以进一步完善，即在原有四项法定过错之外又增设了"有其他重大过错"这一兜底性规定，从而解决了该制度适用情形过窄的问题。本案中，胡某、刘某于2019

年10月在民政局协议离婚,离婚三日后刘某即与他人再婚,并于2020年4月生育一子。根据刘某与他人再婚生子的时间节点及庭审中双方认可的事实,其过错行为的程度已经达到民法典第一千零九十一条规定的兜底条款"有其他重大过错"的条件。

第二,协议离婚后提出离婚损害赔偿的时间要求。

婚姻法对办理离婚登记手续后,提出损害赔偿请求的时间限制未作出相关规定,但在婚姻法司法解释(二)第二十七条规定了时间限制,即在婚姻登记机关办理离婚登记手续后一年内提出,过期则不予支持。该"一年"的规定旨在督促权利人及时行使权利,保持社会关系的稳定,但存在以下两方面问题:一是婚姻法一直将照顾无过错方利益作为离婚夫妻财产分割的原则,离婚损害赔偿作为三大离婚救济制度之一,应当充分体现出这一理念,对于无过错方在离婚一年后才得知对方存在过错情形的,如将起诉请求离婚损害赔偿的期限限制在一年,不利于无过错方权利的行使,也与离婚损害赔偿诉讼程序中保护无过错方合法权益的宗旨相背离;二是从离婚损害赔偿请求权的性质来看,由于婚姻法司法解释(二)规定的一年期间,排除了协议离婚的当事人在一年后行使离婚损害赔偿请求权的权利,作为一项对当事人权利造成很大影响的规定,在我国民事法律体系中缺乏明确的依据。综合上述各种考量,2021年1月1日起施行的《最高人民法院关于适用〈中华人民共和国民法典〉婚姻家庭编的解释(一)》[以下简称婚姻家庭编解释(一)]第八十九条规定,当事人在婚姻登记机关办理离婚登记手续后,以民法典第一千零九十一条规定为由向人民法院提出损害赔偿请求的,人民法院应当受理。但当事人在协议离婚时已经明确表示放弃该项请求的,人民法院不予支持。该条删除了婚姻法司法解释(二)关于"在办理离婚登记手续一年后提出的,不予支持"的规定。由于婚姻家庭编在我国民法典体系中位于第五部分,根据体系解释的方法，离婚损害赔偿请求权的行使应同样适用民法典诉讼时效的原则规定。无过错方向法院提起诉讼，请求离婚损害赔偿的诉讼时效应为三年，从当事人知道或应当知道原配偶有重大过错行为之日起计算。本案中，胡某提出离婚损害赔偿的时间是在二人2019年协议离婚一年后，根据婚姻法司法解释（二）第二十七条的规定，胡某提起离婚损害赔偿诉讼已超过了一年的期限，不应予以支持，一审法院即是依据该审理思路判决驳回了胡某的该项诉讼请求。因此，本案的审理关键在于无过错方提起离婚损害赔偿的时间能否适用民法典及其司法解释的相关规定，不受协议离婚后一年内的限制。

第三，本案应当适用民法典及婚姻家庭编解释（一）的相关规定。

《最高人民法院关于适用〈中华人民共和国民法典〉时间效力的若干规定》（以下简称民法典时间效力规定）第二条规定，民法典施行前的法律事实引起的民事纠纷案件，当时的法律、司法解释有规定，适用当时的法律、司法解释的规定，但是适用民法典的规定更有利于保护民事主体合法权益，更有利于维护社会和经济秩序，更有利于弘扬社会主义核心价值观的除外。该条款主要是针对旧法有规定而新法改变了旧法规定时如何适用法律的规定，包括"法不溯及既往"原则和有利溯及适用规则。其中，在有利溯及标准的把握上，将更有利于保护民事主体合法权益、更有利于维护社会和经济秩序、更有利于弘扬社会主义核心价值观的"三个更有利于"作为判断有利溯及的标准，并以符合诚实信用、公序良俗和日常生活经验法则的要求为判断合理预期的基准，从而确保法律秩序的稳定。意思自治作为民法典的基本原则之一，在涉及私人事务的婚姻家庭领域尤为重要。最能体现意思自治的，莫过于民事主体按自己的意思处分权利。离婚损害赔偿请求权作为民法典第一千零九十一条明确赋予夫妻中无过错方的权利，如仍以婚姻法规定的四种过错情形作出认定，或以超过协议离婚时间"一年"为由即驳回无过错方的诉讼请求，显然不符合民法典婚姻家庭编保护无过错方利益原则所追求的目的。基于上述分析，民法典关于离婚损害赔偿法定情形的兜底条款、婚姻家庭编解释（一）中关于协议离婚后提起离婚损害赔偿的条款满足了民法典时间效力规定第二条有利溯及中"三个更有利于"的标准。本案适用民法典、婚姻家庭编解释（一）的规定更符合公序良俗的相关内容，有利于弘扬社会主义核心价值观。

综上，刘某的行为已经构成民法典规定的"其他重大过错"，胡某作为无过错方，有权通过离婚损害赔偿制度得到相应补偿和救济。虽然胡某在办理离婚登记手续一年后提出，且离婚事实发生在民法典实施前，但在离婚协议中其并未明确放弃该项主张，本案适用民法典及相关司法解释的规定更有利于保护民事主体的合法权益。一审法院仅以该请求超过协议离婚一年为由予以驳回，处理不当，本院予以纠正。具体赔偿数额本院结合双方在离婚协议中所作财产的分割处理情况，根据案件实际酌予确定。

裁判要旨

1. 协议离婚时间在民法典实施前，无过错方在民法典实施后提起离婚损害赔偿诉讼时已经超过原婚姻法司法解释规定的一年期间，从维护民事主体权益及弘扬社会主义核心价值观、实现"三个更有利于"的角度出发，应当按照有利溯及原则，适用民法典及其司法解释的相关规定，保障无过错方的合法权益。离婚损害赔偿请求权应当适用民法典总则编关于诉讼时效制度的规定。

2. 配偶一方违反夫妻忠实义务，在婚姻存续期间与婚外异性存在不正当关系，离婚后三天即再婚并在不到半年内生育子女，严重伤害夫妻感情，导致婚姻破裂，应当认定为民法典第1091条规定的"有其他重大过错"情形。

关联索引

《中华人民共和国民法典》第 1091 条

《最高人民法院关于适用〈中华人民共和国民法典〉婚姻家庭编的解释（一）》第 87 条、第 89 条

《最高人民法院关于适用〈中华人民共和国民法典〉时间效力的若干规定》第 2 条

一审：北京市通州区人民法院（2022）京 0112 民初 31451 号民事判决（2022 年 12 月 28 日）

二审：北京市第三中级人民法院（2023）京 03 民终 2580 号民事判决（2023 年 6 月 21 日）

《民法典》【一方侵害夫妻财产的处理规则】

> **第一千零九十二条** 夫妻一方隐藏、转移、变卖、毁损、挥霍夫妻共同财产，或者伪造夫妻共同债务企图侵占另一方财产的，在离婚分割夫妻共同财产时，对该方可以少分或者不分。离婚后，另一方发现有上述行为的，可以向人民法院提起诉讼，请求再次分割夫妻共同财产。

关联规定

1.《民法典婚姻家庭编解释（一）》

第八十四条 当事人依据民法典第一千零九十二条的规定向人民法院提起诉讼，请求再次分割夫妻共同财产的诉讼时效期间为三年，从当事人发现之日起计算。

第八十五条 夫妻一方申请对配偶的个人财产或者夫妻共同财

产采取保全措施的，人民法院可以在采取保全措施可能造成损失的范围内，根据实际情况，确定合理的财产担保数额。

2. 《民法典婚姻家庭编解释（二）》

第六条　夫妻一方未经另一方同意，在网络直播平台用夫妻共同财产打赏，数额明显超出其家庭一般消费水平，严重损害夫妻共同财产利益的，可以认定为民法典第一千零六十六条和第一千零九十二条规定的"挥霍"。另一方请求在婚姻关系存续期间分割夫妻共同财产，或者在离婚分割夫妻共同财产时请求对打赏一方少分或者不分的，人民法院应予支持。

第七条　夫妻一方为重婚、与他人同居以及其他违反夫妻忠实义务等目的，将夫妻共同财产赠与他人或者以明显不合理的价格处分夫妻共同财产，另一方主张该民事法律行为违背公序良俗无效的，人民法院应予支持并依照民法典第一百五十七条规定处理。

夫妻一方存在前款规定情形，另一方以该方存在转移、变卖夫妻共同财产行为，严重损害夫妻共同财产利益为由，依据民法典第一千零六十六条规定请求在婚姻关系存续期间分割夫妻共同财产，或者依据民法典第一千零九十二条规定请求在离婚分割夫妻共同财产时对该方少分或者不分的，人民法院应予支持。

3. 《妇女权益保障法》

第六十七条　离婚诉讼期间，夫妻一方申请查询登记在对方名下财产状况且确因客观原因不能自行收集的，人民法院应当进行调查取证，有关部门和单位应当予以协助。

离婚诉讼期间，夫妻双方均有向人民法院申报全部夫妻共同财产的义务。一方隐藏、转移、变卖、损毁、挥霍夫妻共同财产，或者伪造夫妻共同债务企图侵占另一方财产的，在离婚分割夫妻共同财产时，对该方可以少分或者不分财产。

图书在版编目（CIP）数据

守护婚姻家庭法律法规手册：含典型案例：双色版 / 中国法治出版社编. -- 北京：中国法治出版社，2025. 6. -- ISBN 978-7-5216-5044-0

Ⅰ. D923.909

中国国家版本馆 CIP 数据核字第 2025VA3198 号

责任编辑：于昆　　　　　　　　　　　　封面设计：赵博

守护婚姻家庭法律法规手册：含典型案例：双色版
SHOUHU HUNYIN JIATING FALÜ FAGUI SHOUCE：HAN DIANXING ANLI：SHUANGSEBAN

经销/新华书店
印刷/三河市紫恒印装有限公司
开本/880 毫米×1230 毫米　32 开　　　印张 / 7.375　字数 / 167 千
版次/2025 年 6 月第 1 版　　　　　　　2025 年 6 月第 1 次印刷

中国法治出版社出版
书号 ISBN 978-7-5216-5044-0　　　　　　定价：30.00 元

北京市西城区西便门西里甲 16 号西便门办公区
邮政编码：100053　　　　　　　　　　　传真：010-63141600
网址：http://www.zgfzs.com　　　　　　编辑部电话：010-63141796
市场营销部电话：010-63141793　　　　　印务部电话：010-63141606

（如有印装质量问题，请与本社印务部联系。）